说服力

如何让他人改变想法？

个人潜能管理大师　［美］吉姆·兰德尔（Jim Randel）著　舒建广 译

THE SKINNY ON
THE ART OF PERSUASION:
How to Move Minds

湖南文艺出版社
HUNAN LITERATURE AND ART PUBLISHING HOUSE

博集天卷
CS-BOOKY

THE SKINNY ON THE ART OF PERSUASION:HOW TO MOVE MINDS
Copyright © 2010 BY JIM RANDEL
Author: JIM RANDEL
This edition arranged with RAND PUBLISHING LLC
through BIG APPLE AGENCY, LABUAN, MALAYSIA.
Simplified Chinese edition copyright:
2021 China South Booky Culture Media Co.,Ltd
All rights reserved.

著作权合同登记号：图字 18-2020-151

图书在版编目（CIP）数据

说服力 /（美）吉姆·兰德尔（Jim Randel）著；舒建广译 .-- 长沙：湖南文艺出版社，2021.7
书名原文：THE SKINNY ON THE ART OF PERSUASION: HOW TO MOVE MINDS
ISBN 978-7-5404-8827-7

Ⅰ.①说… Ⅱ.①吉…②舒… Ⅲ.①说服—语言艺术—通俗读物 Ⅳ.① H019-49

中国版本图书馆 CIP 数据核字（2021）第 058856 号

上架建议：成功 / 励志·口才演讲

SHUOFULI
说服力

作　　者：〔美〕吉姆·兰德尔
译　　者：舒建广
出 版 人：曾赛丰
责任编辑：刘雪琳
监　　制：于向勇
策划编辑：布　狄
文案编辑：王成成
版权支持：刘子一
营销编辑：王　凤　段海洋
版式设计：潘雪琴
封面设计：利　锐
出　　版：湖南文艺出版社
　　　　　（长沙市雨花区东二环一段 508 号　邮编：410014）
网　　址：www.hnwy.net
印　　刷：三河市中晟雅豪印务有限公司
经　　销：新华书店
开　　本：875mm×1230mm　1/32
字　　数：120 千字
印　　张：6.5
版　　次：2021 年 7 月第 1 版
印　　次：2021 年 7 月第 1 次印刷
书　　号：ISBN 978-7-5404-8827-7
定　　价：48.00 元

若有质量问题，请致电质量监督电话：010-59096394
团购电话：010-59320018

致中国读者

感谢您阅读"简单有趣的个人管理"书系，我的核心目标是用轻松有趣的方式来帮助您提升个人管理技能。

或许，您会对这套书的出版经历感兴趣。大概 10 年前，这套书在美国出版，随即被引进中国，与中国读者见面了。令人难以置信的是，2018 年，这套书中的两本登上了美国本版图书中文引进版畅销排行榜，并持续在这个榜单上保持着前 10 名的好成绩。

截至今日，"简单有趣的个人管理"书系已在中国销售了近百万册，我们也因此得以在印度尼西亚、马来西亚、泰国、韩国和越南等国陆续出版这套书。

我创作这套书是为了更好地尊重每位读者的时间与精力。我们每天都能获取海量的信息，因此应该有人对其进行筛选与整理，供更多的人学习与使用。

虽然这套书采用的是极简的绘画设计风格，但内容却经过了长时间的打磨。在写作每本书时，我都做了大量的功课，希望能以轻松有趣的方式为您提供您所需的知识。

最后，献上我最诚挚的祝福。

吉姆·兰德尔

2021 年 5 月

关于本丛书

欢迎您阅读本丛书。本丛书用一系列图画、对话和文本来传递信息，既简洁明了，又赏心悦目。

在我们这个惜时如金而又信息如潮的时代，大多数人挤不出时间去进行阅读。因此，我们对重要问题的理解往往浮光掠影——不像长年累月专注于此类研究的思想家和教师那样见解独到、入木三分。

这套丛书旨在解决这一问题。为了把这套丛书呈现给你，我们的作者和编辑团队做了大量工作。我们阅读了手头可以找到的与主题有关的一切材料，同时与专家做了深入交谈。然后，结合自己的经验，提炼出这一系列丛书，期望你读后能有所受益。

我们的目标就是让你阅读。故此力求聚集要点、提取精华，集教育意义和阅读乐趣于一书。

本书设计简约，但我们对待其中的信息却极其严肃认真。请不要把形式和内容混为一谈。你阅读本书投入的时间，必将会换来无数倍的报偿。

前　言

　　在这本书中，我使用了"劝说事件"一词。

　　劝说事件指的是你所拥有的任何一次影响另一个人思维的机会。当然，它可以是一次面对面的交谈，也可能不是。它可能是一封书信、一个电话、一封电子邮件或一条短信。与另一个人的任何形式的沟通，都可以被称作一个劝说事件。

　　各行各业的人都在忙于各类劝说事件。无论你是谁，也不管你在从事什么工作，能够说服别人了解和接受你的观点，这是至关重要的。

导 言

劝说：说服、影响或诱导别人的行为。

伟大的劝说者——能够进入你的大脑，并对你的大脑进行按摩。哇！还有什么比这更厉害的呢？

在此，我们的团队对数百年来伟大的劝说者进行了研究。我们了解到，说服力是一种可以学习的技能……而且通过掌握一些原则、技巧和策略，你可以提高你的说服力。

你正在阅读的这本书将帮助你提高你的劝说能力。如果你能说服别人赞同你的观点——如果你能够让别人改变想法——那么，你就能做任何事。事实上，几乎在生活的每一次努力中，你的说服力越强，你就越有可能获得成功。

因此，请花一小时的时间来阅读本书。我们向您保证，这一个小时将是您度过的最美好的时光之一！

关于人类的大脑如何工作，已经有成千上万的文字进行过描述……但有一件事是肯定的，那就是，为了说服别人按照你的思路走，将自己的思维调整至与他人一致。劝说的成功与失败依赖于你是否与对方在真实的意图、感觉和理解上达成了"心灵的默契"。

那么，我们应该如何与对方达成这种心灵的默契呢？……要得到答案，就必须明白是什么在激励和驱动别人。了解了这一点，你就能够让自己的想法和要求轻易而迅速地被别人所接受……这是毫无疑问的。

——凯文·霍根（Kevin Hogan）和詹姆斯·斯皮克曼（James Speakman）
《隐蔽说服：心理战术与获胜策略》（*Covert Persuasion: Psychological Tactics and Tricks to Win the Game*）
（威利出版公司，2006年版）

读完本书后，你将会对汤姆·索亚（Tom Sawyer）的才能更加赞赏：

——马克·吐温（Mark Twain）《汤姆·索亚历险记》

嘿，你好！我是吉姆·兰德尔（Jim Randel）。我是我们故事的主持人。在本书中，我将尝试影响你的思维——说服你接受我的有关说服力的一些看法。

1

来见见我们故事的男女主人公：比利（Billy）和贝丝（Beth）。他们最近刚刚结婚。

比利28岁，他是一名房地产经纪人。

贝丝25岁，她白天是律师助理，晚上去法学院学习。

2

最近，比利一直在为工作的事情垂头丧气。和办公室里其他同事比起来，他一直没有别人那么成功。他感到纳闷，想知道问题到底出在哪里。

"我不明白，贝丝……玛丽·约翰逊今年过得真是春风得意。她是那么装腔作势，然而，人们偏偏喜欢她那种阿谀奉承。"

"人们都喜欢听奉承话，比利。"

"是的，我知道……顺便说一句，你今天上午看起来很漂亮。只是我觉得，她的阿谀奉承也太明显了，然而她的电话却响个不停。"

"会不会是你做错了什么？"

"不会的，我没做错什么！"

让我们先在这里停一会儿。是比利错了。<u>错的就是他</u>！

1. 如果比利没有达到自己想要的目标，那么，他的第一次挫折就应该成为一面镜子。

如果比利在销售方面不如办公室里其他人做得好，他就需要对自己做一个现实的评估，找出落后的原因。通过学习，每一个人都能够变得更具有说服力。

2. 比利批评玛丽·约翰逊是在浪费时间。

玛丽是在做销售，而比利却不是。比利应该分析一下什么是玛丽正在做而他却没有做的事情，同时考虑一下改变方法。

现在我该把自己介绍给比利了。我准备告诉他应该如何提高自己的说服力。

至少我扑克牌玩得还不错。

"谁啊？"

咚咚咚……

比利

"你胡说什么？

"我**没有**固执己见！！"

"我现在要走了，比利。"

17

我意识到，我对比利所采取的方法也有点固执。这是经过深思熟虑的。我的行为模拟了比利在其生意中所采用的方法……他可能就是这样固执己见的……而且在人们和他意见相左时，他表现得不够礼貌。

事实上，他经常违反的是劝说规则的第一条。

18

劝说规则第一条：

**人们总是乐于被
他们喜欢的人说服。**

第一条规则是非常基本的——但许多人忽略
或遗忘了这一点。

事实上，我们每一个人都对自己喜欢的人，
也就是那些看起来与我们相似的人，感到更加
信任，更加愿意敞开心扉。

"我们感觉与某个人关系越密切，越被其认同，越被其喜欢，越被其吸引，他就变得越有说服力。"

——库尔特·W. 莫特森（Kurt W. Mortensen）
《最大化影响力：说服和改变他人的心理操纵术》
（*Maximum Influence: The 12 Universal Laws of Power Persuasion*）
（Amacom 出版社，2004 年版）

21

高明的劝说者懂得如何和他们正在试图说服的人建立起联系。他们知道如何使对方感到轻松自在——也就是如何使他们解除戒备心理：

1

寻找共同点——他们找到某个能将他们与对方联系起来的地点、事件或时间。小的联系一经建立，就可以把它作为基础。

2

表现出兴趣和热情——他们询问有关对方的一些问题，征求他的意见。

3

欣赏对方的人品。比利认为玛丽·约翰逊是一个不真诚的献媚者。也许她做得的确有些过头，但事实是，人们都喜欢听别人对自己的赞美之词。

4

采用对方惯用的词汇、语调和说话风格。伟大的劝说者像变色龙，他们学着调整自己的表象，以配合别人。这会让对方感到轻松自在。

22

《实验社会心理学期刊》（2003）第 39 卷发布了一份研究报告，强调了建立联系的重要性。

· · · · · · · · · ·

　　荷兰的研究人员想要观察建立密切关系的重要性……然后试图对此进行评估。为此，他们在一家颇受欢迎的餐厅里，利用这里的女服务生进行了一次实验。

23

　　一组女服务生被要求**逐字地**重复客户菜单中的某些词语。当一个客户用不标准的发音说"啤酒"（bier）或"炸薯条"（friet）时，女服务生就会犹豫几秒钟，然后把"啤酒"或"炸薯条"**准确地复述**出来。

　　另一组女服务生也被要求确认菜单的内容，但她们不是重复客户所使用的词语，而是用"啤酒"和"炸薯条"的**同义词**（例如："生啤"和"薯条"）取而代之。

24

研究人员想知道，将对方的**措辞准确地复述**出来是否具有价值。他们的理论是：有价值——因为这种对用词的模仿可以在客户和服务生之间建立起某种联系。

　　调查结果令人吃惊：那些**逐字**重复客户菜单内容的女服务生所得到的小费，是其他服务生的**两倍还多**。

25

"模仿是最真诚的恭维方式。"

——佚名

26

在荷兰的实验中，女服务生们并不知道这项活动的目的是什么。她们对所有的客户一视同仁——唯一的差别在于她们确认顾客菜单的方式。

这项实验证实了研究人员的假设，即在同人们进行联系的过程中，即使是细微的差异，也可能会导致人们对你的看法迥然不同。荷兰的顾客们显然对那些使用**同样的词语**来重复菜单内容的女服务生们感到更加满意。而且他们还为这种满意支付了高得多的小费！！

有一本书就如何在你和你想要影响的人之间建立联系做了全面的介绍，它就是理查森（Richardson）所著的《**融洽的魅力**》（*The Magic of Rapport*）（Hearst 出版社，1981 年版）。

该书详细阐述了有关创造融洽的理念——其前提是：某个人和你在一起时感觉越舒适，他就越有可能在对待问题的看法上和你保持一致。

作为一个例子，作者谈到了同步性，这是催眠领域的一个术语。作者建议，通过模仿对方的语速、音调、音量和用词，你可以使他们进入这样一种思维状态：你和他们是毫无二致的。

"（同步性）指的是你正在或即将变得和别人一样，以便你能够从这些人那里获得关注、友谊和帮助。"

28

我们是在谈论操纵吗？？

有时，在操纵和劝说之间有一个非常细微的界限。

一些评论者认为，两者的不同之处在于劝说者的意图。

操纵的目的是满足操纵者个人内心的愿望。劝说的目的是达成一个双赢的结果，在这里，每个人的愿望都能够得到满足。

——戴夫·拉克哈尼（Dave Lakhani）
《说服力：如愿以偿的艺术》
（*Persuasion: The Art of Getting What You Want*）
（威利出版公司，2005 年版）

我认为，操纵和说服之间的区别在于你所采取的方法的性质。

在我看来，操纵是试图**利用虚假和欺骗的手段**影响一个人的思想。在我建议你同别人建立联系的同时，我不赞成你掩饰真实的自我。你仍须保持真实的**你**。你只不过是在让对方了解并向其展示**你**的一些侧面而已，而这些侧面会让对方觉得很熟悉。

如果你为了影响别人的想法而试图去改变你的本质，他将很有可能会戳穿你的把戏。

31

"就像你一样，我每个星期天都去做礼拜。我在施粥场做义工，我吟诵诗歌，我还练习瑜伽。"

这家伙就不能再坦率一些吗？他想糊弄谁呢？？

32

在谈论操纵这一话题时，我们不能不介绍一个人。他叫尼科洛·马基雅维里（Niccolo Machiavelli）。马基雅维里生于 1469 年，卒于 1527 年。他写过一本著名的书，叫作《君主论》（*The Prince*）。

在《君主论》一书中，马基雅维里分析了统治者是如何获得和维护权力的。马基雅维里认为，操纵和口是心非是统治者需要利用的手段。今天，"马基雅维里的"（Machiavellian）一词指的就是一种狡猾而奸诈的弄权之术。

我们觉得，在这套丛书里，我们的使命就是把有关这些重要话题的方方面面的信息提供给你。有些人认为马基雅维里是正确的。但另一些人认为，虚伪的人最终会原形毕露，不会获得长期的成功。

我们赞成第二种观点。马基雅维里时代的统治者生活在口耳相传的年代（500 年前）。真相和声誉传播的速度很慢。而如今，你的一个严重过失，在数分钟内，就会被别人"听到"。而且，一旦你沾上虚伪的恶名，你就永远别再想说服别人去做任何事情。

33

本书作者吉姆·兰德尔

我们认为，要成为一个伟大的劝说者——和一个优秀的人——你就必须用诚实善良和令人敬仰的品格来塑造你的说服力。

"成功法则中最重要的一个因素是懂得如何与人相处。"

——西奥多·罗斯福
（Theodore Roosevelt）

回到比利和贝丝那儿去

"那个怪人今天来找过我了。他叫吉姆·兰德尔。他告诉我，他想帮助我。"

"他是不是大约 6 英尺（约 1.8 米）高？长得很帅？"

"嗯，我可不认为他那样子叫帅。不过，是的，他的确大约 6 英尺高……你到底想说什么？"

"如果那是同一个人的话，我想我曾经见过他。"

"是的。他在我就读的那所法学院教授一门关于劝说技巧的课程。他的课特别受欢迎。"

"你以前见过他??"

"不，是真的。事实上，我正准备下学期选修他的课程呢，但目前报名已经停止了。也许你可以帮我和他说说。"

"你不是开玩笑吧！"

戴尔·卡耐基的书《**如何赢得友谊和影响他人**》(*How to Win Friends and Influence People*)①出版于 1936 年,已售出超过 2000 万本。尽管写于 85 年前,这本书在今天看来仍具有巨大的现实意义。

---

① 现多译为《人性的弱点》。——编者注

"何不学习一下有史以来世界上最伟大的友情赢得者的交友技巧呢？他是谁？明天你就可能会在街口遇到他。当你行至离他3米以内时，他便开始摇尾巴。如果你停住脚，轻轻地拍拍他，他会高兴地跳起来，向你表示，他是多么地喜欢你。并且你知道，在这情感表露的背后，他绝无丝毫不可告人的动机：他既不想卖什么房地产给你，也不想嫁给你。"

——戴尔·卡耐基
《如何赢得友谊和影响他人》
（Prentice Hall 出版社，1936 年版）

卡耐基不是真的在建议你，为了赢得人们的好感，你应该表现得像一只小狗。他只是把小狗当作一个例子。他的观点是：当一个人带着愉悦的心情向人们靠近时，人们会减弱他们的戒备心理……这个人应表现得热情，而且没有明显的不可告人的动机……而且具有一种讨人喜欢的品质。

以下是卡耐基有关赢得友谊的五点建议：

（1）微笑。

（2）对他人表现出兴趣。

（3）鼓励他人谈谈自己。

（4）使他人感到自己很重要。

（5）密切关注他人所说的话。

这些当然不是什么高深的学问。但令人难以置信的是，仍有许多人（像比利一样）错失了同他人建立联系的大好机会。

在理解他人方面，戴尔·卡耐基无疑是个天才。

但我的观点是：你面临的挑战不是**表现得**热情、和蔼和对他人饶有兴致，**而是真正地**热情、和蔼和对他人饶有兴致。

我相信，最好的劝说者都是对别人真正感兴趣的人。那些与他人接触的人，并非仅仅因为他们需要接触——为了说服他人——而是因为他们想去接触。如果你对任何事"根本不在乎"，那么，你永远不会成为一个伟大的劝说者，而且也不会是个了不起的人。

"在我们的律师事务所里，那些高级合伙人从来不把律师助理放在眼里，所以……"

我想知道我的梦幻足球队表现如何……嗯，哦，我想贝丝是在跟我说话。

比利不是一个很好的倾听者。他也不能很好地揣摩语气，因为他不懂得如何从他人的角度来聆听自己说的话，看待自己的行为。

关于比利的问题，我暂时先讲到这儿。但我们会很快回到他那儿去。让我们接着来讲有效劝说的第二条规则。

劝说规则第二条：

准备好了再开口。
接着，继续做准备。

有效劝说并不是自然而然地发生的。大多数伟大的劝说者——从销售员到政治家，再到出庭律师——他们**在开口说话之前很久，**就开始考虑他们想要达到什么目的，以及他们将如何去做。

凑巧的是，在今晚法学院有关劝说的课程中，我将会讲到这个话题。

大家晚上好。今晚我们将讨论劝说和准备之间的联系。你在劝说事件中获得成功的概率与你**在试图开始劝说之前**所做的准备成正比。

一些人认为，伟大的辩护律师都是能言善辩的演说家，他们有一种天生的能力来左右法官或陪审团的裁决。事实并非如此。使人们的看法发生动摇的是构思巧妙、条理清楚的论据或立场，在听众听来要言之有理。这就是最成功的辩护律师在上法庭之前，都要花无数个小时来做准备的原因。

对商业律师来说，这一点同样适用。因为在任何商业交易中，谈判都是至关重要的，所以优秀的商业律师总是在同另一方或者其律师会面之前，想好该说什么。优秀的推销员也是如此。以此类推。

劝说的艺术
秋季课程
吉姆·兰德尔教授

"在任何领域，严肃认真的人或真正的专业人士的标志，是他要比一般人用更多的时间去做准备……巨大的成就往往取决于对最小的细节的关注。一个事实、一个错误可以使一切面目全非。所以，每一件事情都很重要。"

——布赖恩·特蕾西（Brian Tracy）
《商业成功 100 条法则》
（*The 100 Absolutely Unbreakable Laws of Business Success*）
（BK 出版公司，2000 年版）

5
3

做准备就是尽可能多地对一个劝说事件进行反复琢磨。

有三个很好的理由可以说明，为什么准备工作将提高你的说服力。

首先，你的准备工作做得越充分，在陈述的时候，你就越会感到得心应手。

当你做好了准备，在陈述的过程中，你就会感到更加得心应手。而听者也能感觉到这一点。在毫无准备的情况下，你可能会感到紧张，别人也能察觉到。你越觉得舒服，听众也会越觉得舒服，而他按照你的愿望做决定的可能性就会越大。

1. 舒适
2. 控制
3. 沉默

做好准备之所以重要的第二个原因是，你的准备工作做得越好，你就越能够控制听众的思维过程。

你应该这样假设：不管你说得多么生动有趣，听众的心思仍会四处飘荡。这是人类的天性。你的目的就是尽你所能控制对方的注意力。

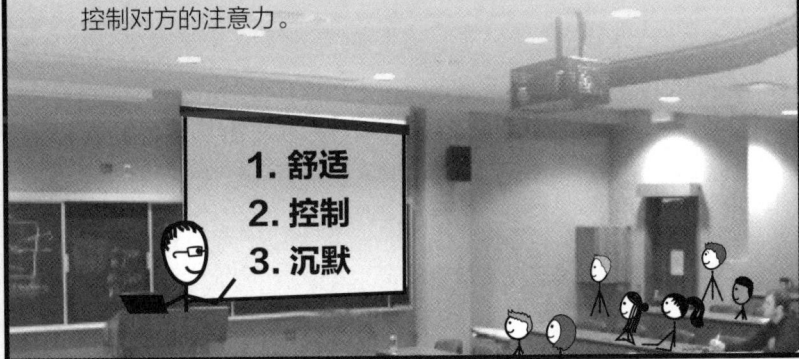

1. 舒适
2. 控制
3. 沉默

56

在做准备的过程中，你需要考虑对方的注意力在何处容易分散。如果听众必须跟随你演讲的思路，那么，你应该想清楚，链条可能会在何处中断。

你要仔细考虑，该怎样使听众的注意力集中在你演讲的逻辑和顺序上。你应做好准备，来应对听众可能发生的心思游离或对你所讲内容产生的抵触情绪。

57

我一直对魔术很感兴趣。在表演魔术，尤其像用纸牌或硬币等的近景魔术的时候，魔术师懂得控制观众注意力的重要性。这些魔术通常需要熟练的手上功夫，所以魔术师的任务之一就是分散观众的注意力，不让观众看清楚他在做什么。

　　这种分心术——或者魔术师所称的误导术——就是关于如何控制观众的心和眼睛的。而这需要大量的练习和准备。

"误导是（魔术师）心理技术的一个组成部分。它是关于控制观众的眼睛和心思的一门科学。正是魔术的这个方面引起了众多的医生、律师、教师以及其他人的关注，他们都对人类心智如何运作表现出了异乎寻常的兴趣。我曾经听一位精神病学家——同时也是一位出色的纸牌魔术师——说过，他通过对误导的观察发现，魔术师对人类思想的某些独特品质的认识，超越了任何心理学书籍。"

——比尔·特纳（Bill Turner）
《如何玩纸牌魔术》
（ *How to Do Tricks with Cards* ）
（Collier 图书公司，1949 年版）

59

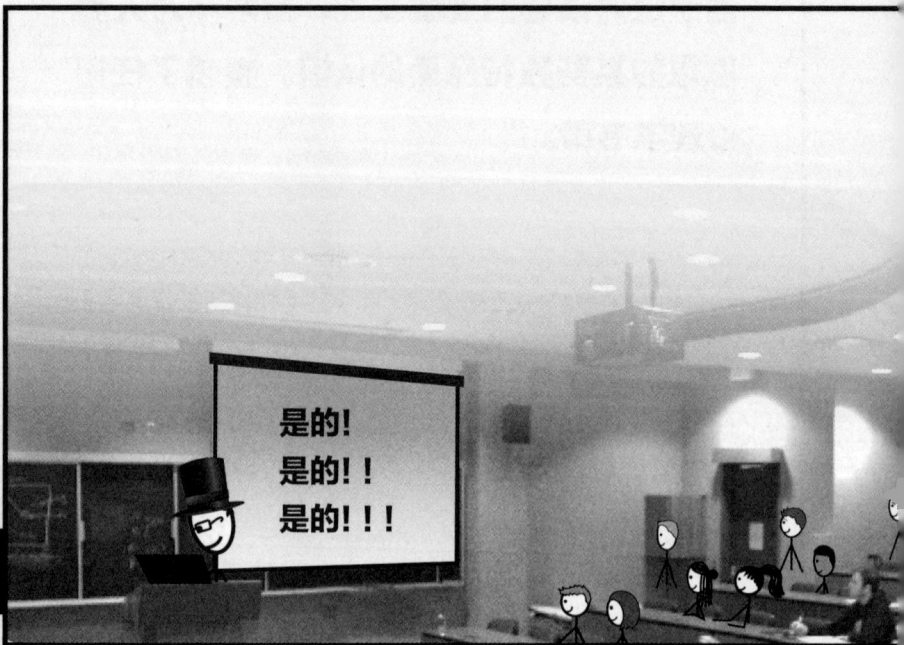

应该做好准备的第三个理由，是要在某一件具体的劝说事件中，对你所能合理达成的目标进行反思。这可以帮助你决定何时停止讲话，从而让沉默发挥作用。

在你看来，这是不是有点不可思议？

你真的需要花时间去做准备，以便明确该什么时候闭上嘴巴吗？

嗯，让我给你一个三段式的回答：是的！是的！！是的！！！

大多数人都喜欢自己发出的声音。当他们说话的时候——尤其当一切进展顺利时——这一刻他们往往得意忘形。他们总想讲个不停。不幸的是，这样会产生负面影响。

许多年前，我的一位法学教授给我讲过一个故事，我想把它讲给你听。这位教授名叫欧文（Irving）。在做教授之前，他曾是一名辩护律师。

有一天，欧文坐在办公室里。一名男子来见他，鼻子的地方包扎着一块很大的绷带。这个人说，他刚刚和别人干了一架，那家伙咬掉了他的鼻子。

"我要起诉那家伙！"

在做了一些准备后，欧文决定接手这个案子。该案子开始进行庭审。

被告声称他并没有咬掉原告的鼻子……欧文的委托人的鼻子是在他摔倒在玻璃上时，让玻璃片削掉了。欧文知道，如果陪审团得出的结论是被告咬掉了他的委托人的鼻子，那么他们将会判定他的委托人受到了更大的伤害。

这一事件只有一个证人，名叫史密斯（Smith）。欧文已经做好了充分准备。他知道史密斯会怎么说。不幸的是，被告的辩护律师并没有做好准备。

史密斯站在证人席上，接受被告律师的质询。

"那么，史密斯先生，从事发时你所在的位置来看，你不可能看见我的当事人咬掉了原告的鼻子……是不是这样？"

"是的，正是如此。"

你看，被告的律师从史密斯那里获得了一个很重要的有利条件，特别是史密斯并没有看见鼻子被咬掉这一条。这位律师下一步该怎么做？嗯，直接坐下怎么样？实际上，他这时候该说："问题问完了，法官大人。"

然而，没有，他没有这样做……这名律师并没有做好准备。他事先没有和史密斯交谈，因此他强调了他的立场。

但是，没有……

差之毫厘，谬以千里

"史密斯先生，这么说，你不可能证明，是我的委托人咬掉了原告的鼻子？"

"嗯，我确实看到他吐出来一只鼻子！"

嗯……

此刻，欧文**的确**觉得很惬意。

他早知道史密斯会这么说。而且他知道，在轮到他询问史密斯的时候，他能引出整个故事。

然而，当被告自己的律师揭示了犯罪信息时……嗯，那才叫有趣。

被告的律师根本没有掌握有效交叉询问（说服）的关键，即**周密的准备工作**。

周密的准备促使你思考，在一个给定的劝说事件中，你能够达到什么目的，以及在什么时候该停止质询。

请原谅我的激动，那些不知道该什么时候停止讲话的人快把我给逼疯了！

如果你想成为一个高效的劝说者，你必须知道该在什么时候停止劝说。我已经记不清有多少次，看到在法庭上、商务谈判中或销售演示中，劝说者因为不知道该什么时候闭上嘴巴而把事情搞得一团糟。

当你发现石油的时候，要马上停止钻探；许多人因为钻探得过深过透，石油由地底冲天而出！

——此忠告出自苏格兰著名的辩护律师弗朗西斯·韦尔曼（Francis Wellman）

《交叉询问的艺术》

（*The Art of Cross-Examination*）

（麦克米伦出版社，1903 年版）

72

现在让我们来回顾一下，有三个很好的理由值得你在试图劝说之前做好充分的准备：

第一，准备得越充分，你的表达就会越流畅。

第二，准备得越好，你对听众的控制力就越强。

第三，做好了准备，你就会准确地知道该在什么时候停止劝说。

现在，让我接着讲下一个重要的劝说规则。

劝说规则第三条：

**学会仔细聆听和
察言观色。**

到目前为止，你喜欢
这本书吗？我希望如此。

一直以来让我感到惊讶的是，许多相当不错的演讲者竟是十分糟糕的聆听者。

如果你想成为一名优秀的劝说者，你必须让自己成为一名出色的聆听者。

至少有以下三个原因可以说明，聆听和劝说能力之间有着直接的关系：

1. 人们都喜欢乐于聆听他们的人。我们已经知道，某个人越喜欢你，你就越有可能说服他接受你的观点。

2. 当你聆听时，你会发现事情的线索。如果你足够细心，你就能够听到和看到对方思想活动的蛛丝马迹。

3. 当你聆听时，你的思想得以平静，同时你的创造力提高了。聚精会神的聆听者减少了分心，集中了精力，因此会变得思维敏捷，头脑灵光。

关于聆听，我想了很多。我认为它是你需要培养的一项至关重要的技能。一个好的聆听者可以在瞬间与另一个人建立起联系。一个不好的聆听者则会在瞬间造成敌意。

"不幸的是，好的聆听者并不多见。研究者称：即便单纯从信息层面上看，也有75%的口头交际被忽视、被误解或者很快被遗忘了。更不用说去深挖别人话语中的深刻含义的能力了。那种能力就更加稀缺。当你同某人交流一个自己十分感兴趣的问题时，却发现对方根本未曾真正用心去聆听，这是多么令人绝望，又是多么常见的一件事情啊……"

——罗伯特·博尔顿（Robert Bolton）
《人际关系学》（*People Skills*）
（Touchstone 出版社，1979 年版）

78

除了把自己培养成一个好的倾听者外，你可能想了解更多有关身体语言的知识。在这方面，有很多好书。我刚刚读完的一本是亚伦·皮斯（Allan Pease）和芭芭拉·皮斯（Barbara Pease）写的《身体语言密码》（*The Definitive Book of Body Language*）。

我们每一个人都在以这样或那样的方式，向外界传递着我们的细微信息……但我们却很少有意识地发送我们的信息。我们通常通过身体语言将我们的生存状态表现出来。抬高一条眉毛，表示怀疑；揉擦鼻子，表示迷惑不解；抱紧双臂，表示使自己置身事外或用来保护自己；耸肩，表示漠不关心；眨一只眼睛，表示亲昵；轻击手指，表示不耐烦；拍打前额，表示健忘。手势多种多样，有些是有意识的，还有一些，比如揉鼻子表示迷惑不解，紧抱手臂来保护自己等，则很可能是潜意识的。

——朱利叶斯·法斯特（Julius Fast）
《**身体语言**》（***Body Language***）
（口袋书出版社，1971 年版）

80

你想做一个了不起的劝说者吗?

想一想:**大耳朵……大眼睛……小嘴巴。**

以下是有关聆听的另一个建议:

如果你想提高你的说服力,
要学会倾听你自己。

有时，在我为某个劝说事件做准备的时候，我想象着我走出了自己的身体，并扮演起桌子对面那个人的角色。

然后，这个虚拟的我在聆听我的陈述。

正如你所看到的，我现在的说服能力实在不够强大。我甚至无法让自己相信，我的立场有道理。哎哟！！！

好了，第三条规则讲得差不多了。我相信你已经明白了。如果你想改变某个人的想法，就停下来，观察并且倾听！！嘿，不知道比利和贝丝在忙些什么。

"昨晚我听了兰德尔关于劝说的课。他的确讲得不错……真的很有说服力。如果他愿意帮助你，你就赶快给他打电话吧。听说他正考虑退休并迁往佛罗里达州呢！"

贝丝在劝说比利给我打电话时，也许在不知不觉中，正好使用了我们的下一个劝说规则。

嗯，也许我最好给他打个电话。

劝说规则第四条：

稀缺性——
人们总想拥有
他们得不到的东西。

"每当选择有限或受到威胁的时候，人们想拥有一份稀缺物品的渴望就会变得越发强烈。稀缺使得任何产品或服务的价值陡然增加。稀缺可以促使人们采取行动，而且因为害怕错过机会，所以我们迫不及待地采取行动。"

——库尔特·W. 莫特森
《最大化影响力》

康涅狄格州今天异常寒冷。烤火的感觉肯定不错。贝丝说得对……我正在考虑退休后移居佛罗里达州。

无论如何，就劝说规则第四条而言，如果你想说服某人采取行动，你就得围绕他的选择创设一个界限。这个界限有时是有限选择的数量，有时是一个限定的时间，有时是一个独享的承诺。

让我举一个例子，来说明稀缺法则的固有性。

89

90

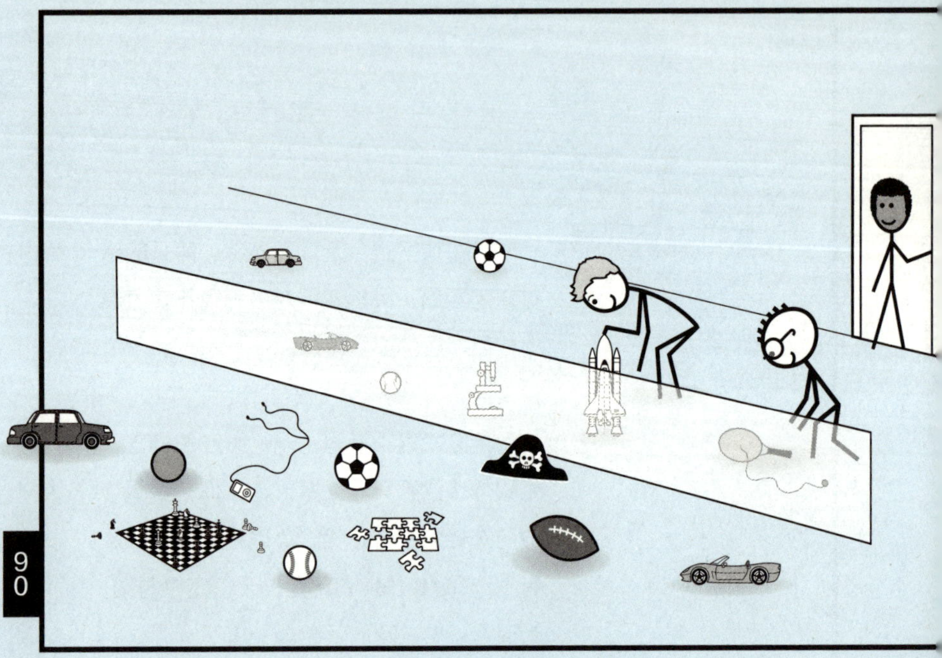

91

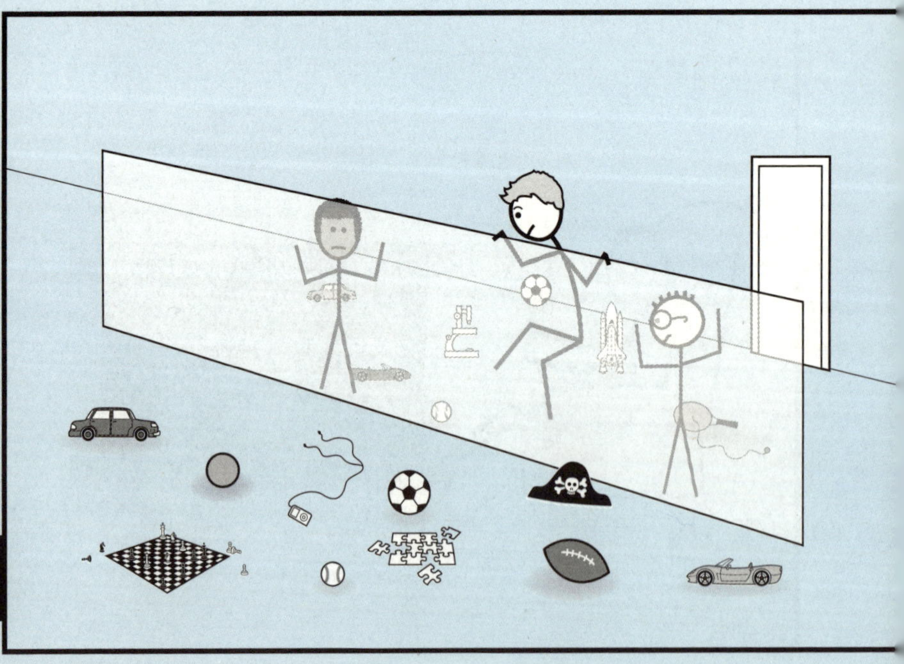

几年前，心理学家在儿童身上做了一项研究。

他们把孩子带进一个用低矮的有机玻璃屏障分隔开的房间。在有机玻璃屏障两边都放置了玩具。如果孩子们愿意，他们的身高足以让他们够得着有机玻璃屏障另一侧的玩具。在这种情况下，孩子们并没有对远在玻璃屏障另一侧的玩具表现出兴趣。

接着，几天之后，心理学家设置了同样的场景——同样的儿童，同样的玩具——**但这一次他们增加了有机玻璃屏障的高度**。现在玻璃屏障太高了，孩子们根本够不到玻璃另一侧的玩具。那么，结果会如何呢？

在这种情况下，孩子们对远在有机玻璃另一侧的玩具表现出了异常强烈的兴趣。

换句话说，他们想要的是他们不可能得到的东西！我告诉你，这就是人性……人类的人性！！

聪明的营销者都明白，人们都想要他们得不到的东西。正是因为如此，他们在试图说服人们购买物品的时候，总是创造出某种稀缺性。这种稀缺性有时是合法的，有时则不然。

下列广告语听上去很熟悉，不是吗？

"限时甩卖，过期不候。"

"清仓大处理。"

"凭邀请函购买。"

"歇业大拍卖。"

"本公司专营商品。"

比利的同事玛丽·约翰逊十分熟悉稀缺法则。

"我很高兴你喜欢这套房子。我早就认为你会喜欢。在很大程度上讲，它是**独一无二的**。你可以在出价前仔细考虑一下。不过，我建议，如果可以的话，你最好明天就打电话给我。这套房子出价合理，估计**不会在市场上存留太久**。"

94

比利也已经意识到了稀缺法则的作用。然而，他却从来没有在词典里查一下"微妙"一词的含义。

"哇，这房子太棒了！！我很高兴你喜欢它。实话告诉你，如果**待会儿我们一离开，就有另外一个经纪人带着买家来看这房**，我丝毫也不会觉得奇怪。我们必须尽快行动，否则，**这套房子就可能被其他买主买走了！**"

如同生活中的许多事情一样，成功是一个度的问题。比利的确明白，有时卖方必须制造一种紧迫感，促使买家尽快行动。**但是**，他不懂得把握分寸。他总是**一个劲地催促，不知道该什么时候停下来**。

请注意：本书讲的是**劝说的艺术**。

优秀的劝说者明白，劝说是一门艺术……要想使劝说有效，他们就必须能够很好地拿捏分寸和区分细微差别。如果你催促的力度过大，人们就会本能地缩回去。

我研究劝说这一主题已经很多年了。我一直在观察那些伟大的劝说家和那些糟糕的劝说者们。我已经发现了在伟大的劝说家和糟糕的劝说者之间存在的一个一贯的区别。

伟大的劝说家总是利用技巧进行销售，他们尊重自己正在试图说服的人的智慧。

那些糟糕的劝说者都存在过度推销的问题。他们低估了绝大多数人的认知能力。

97

要想成为一个伟大的劝说者，你必须在你开口说话之前仔细考虑。你必须学会在你所想的和所要表达的事情之间停顿几个节拍。在你开口**之前**——你必须教会自己思考你所说的话会产生什么影响。

许多人忽视了对他们的想法进行审查。他们只管侃侃而谈、废话连篇。这些人几乎无一例外都是无效的劝说者。

在成为法学教授之前，我是一名执业律师。我曾参加过很多次谈判。有时我的工作就是让我的委托人再次确认……帮助他们考虑好了再开口讲话。但那并不总是容易做到的。让我给你们举个例子。

数年前，我给一个人做代理，此人刚刚建造了一座大型的办公楼。他的经纪人干得不错，已经找到了一家对租赁整幢大楼感兴趣的公司。我的委托人邀请该公司的首席执行官及其律师到他的办公室面谈，希望能说服她租赁这座大楼。

我的委托人很好地向这位首席执行官介绍了该大楼的优势。他还向她简要说明了他觉得颇具吸引力的租赁协议条款……首席执行官反应良好。

"尊敬的大楼主人先生，
你们的各项条款均算公平，
感谢你如此清晰的介绍。我
不需要再做仔细考虑了。我
相信入驻你们这座大楼，我
们将会非常高兴。"

102

好了，下一步我的委托人该说什么呢？说"好极了"就不错……或者说："期待你们早日入驻我们的大楼。"然而，他却开始胡言乱语。

会谈形势开始急转直下。该公司的首席执行官从来没想过停车这个问题。而现在，随着我的委托人将此事和盘托出，她开始就此进行提问。

"那真是太好了，首席执行官女士。我们坚信我们的大楼是全城最棒的，而那些对于我们停车问题的指责简直是愚蠢而荒谬的。"

"哦，不……我也是刚听一些经纪人说的。但是，呃，呃，呃……停车没有问题！"

"停车存在问题吗？"

他怎么就学不会在说话之前好好动动脑子呢？

我的委托人提到了停车问题，首席执行官就开始担心起来。

　　而这一切都是不必发生的。我当事人的建筑物获得了一个不应有的有关停车的坏名声。事实上，他说得没错——停车没有问题。然而，就因为他没有在说话之前好好动脑子，所以使得这笔交易处于危险之中。幸运的是，经过几个星期的艰难谈判，这笔交易终于尘埃落定。

"在你开口讲话之前，切记要让心智处于正常状态！"

——佚名

好消息：

我就要接到比利的电话了。

比利打电话过来，我很高兴。我有一些建议要讲给他听。
而且我还打算向他介绍一下第五条劝说规则。

劝说规则第五条：

人们总想同以前所做的陈述
或者承诺保持一致。

"比利，成功的销售和经过努力成功地说服他人是一种可以培养的技能。

"举例来讲，要想成为一名高级的劝说者，你就需要去了解人们是如何处理信息并做出决定的。"

"我对人是了解的，吉姆。"

"不，比利。你不过是了解某些人而已。你只了解那些像你那样做决定的人……我知道你是一名冲动型的购买者。你做决定很快，而且你往往只凭直觉就可以做出决定。

"我说得对吗？"

"是的。你对我的描述非常准确。"

"嗯，好了，那样做也没有什么不对，但并不是每个人都这样做决定。

"同你比起来，许多人更加有条不紊和谨小慎微。你经常犯的错误恐怕是**混淆了你所熟悉的东西和普遍存在的东西之间的区别。**"

"嗯？？"

"比利，在某种程度上，我们都在假设别人看世界、处理信息和做决定的方式同我们一模一样。其实是我们把**熟悉的**东西，也就是我们自己的做法，与**通常的**做法，也就是别人做事的方法混淆了。当我们犯某种错误的时候，我们总是以为别人也会像我们一样思考问题和采取行动。"

"啊……
我明白了。"

"嗯，很好。

"与此同时，还有一些规则可以应用于这一方面。其中最重要的一条是一致性，也即人们都倾向于坚持自己已有的观点。

"让我给你举个例子……哦，等一下。在我讲下去之前，我想让你知道，明天晚上我将举行一场有关劝说技巧的研讨会。还有一个空位。你愿意参加吗？"

"嗯，我想知道得更详细一点。"

"对不起，比利。我要你马上回答。"

"好的，我去……我要参加。"

"我早就料到你会这样回答。你瞧，一分钟前，你同意我对你的描述，说你是一个快速的决策者——是一个凭直觉做事的人。刚才当我催促你做决定的时候，你的行动完全符合你对于自己的看法——一个快速决策者。所以你就迅速做出了决定。"

"你的意思是说，你并不是真的要举行一场研讨会？"

"没有研讨会，比利。我只是为了说明一个观点而已。我就猜你会同意我的建议，**因为你已经声明你是个迅速的决策者了**。像大多数人一样，你也倾向于坚持你对自己的看法。"

"所以，当我表明我喜欢快速做决定的时候，你是故意地把我逼到墙角……然后诱使我即刻做出决定吗？"

"在很大程度上讲，是这样。让我告诉你一些十分有趣的研究。"

这家伙该判终身监禁。

几年前，一群研究人员来到加利福尼亚州的一个社区，请求房屋所有者们允许在他们家前院里竖立一个巨大的标示牌。标示牌上写着："谨慎驾驶。"因为这个标示牌实在太大了，几乎所有的房屋所有者都拒绝了这一要求。

"对不起，不行！"

然后，研究人员改变了方式。在另一个类似的社区，他们问房主们能否允许在他们房子的窗口放一个很小的标示牌。标示牌上写着：**"请安全驾驶。"** 大部分房主都说："当然可以。"

　　三个星期后，研究人员又回到这个社区，问房主们是否允许他们把窗户上的小标示牌换成一个写着**"谨慎驾驶"** 的巨大的标示牌，竖立在他们的前院里，**这一次，76%的人说："可以！"**

　　到底发生了什么？ 嗯，在这些房主被问到关于大的标示牌的事情时，他们都已经承诺过要安全驾驶（设置小标示牌）。竖立大标示牌只不过是这些房主对自己的看法的合理延伸（安全驾驶倡导者）。

121

我们都愿意把自己看作一种始终如一的生物。一旦我们做出承诺，或认准了自己是什么样的，我们就会努力信守我们的承诺或者观念。

谨慎驾驶!

122

人们希望保持他们一贯所持立场的欲望，在多种不同的情况下均有所体现。

一项研究表明，赌马的人**一旦投注**，就立即对他们的选择充满信心。一旦他们有了立场，他们的不确定就烟消云散了！

同样地，也存在厌恶损失法则。许多人买了股票，该股票价格随后下跌，但他们并不愿意将其卖掉（尽管所有迹象都显示，他们该这样做）。这些人就是试图**坚持他们在买这些股票时所做的分析和所持的立场**。

"如果我能让你做出承诺（即采取立场、表明观点）的话，我将为你的自觉意识搭建一个良好的舞台……以便与你从前所做的承诺保持一致。一旦采取了某种立场，你就会自然而然地朝着它努力，以便尽可能地与你的立场相吻合。"

——罗伯特·西奥迪尼（Robert Cialdini）

《影响力：劝说心理学》

（*Influence: The Psychology of Persuasion*）

（哈珀·柯林斯出版社，1984 年版）

126

有时，甚至连专家们也会陷入一致性法则中，不可自拔。

我喜欢运动，尽管在篮球运动中，我总是最后一个被临时组织的球队选中。这一点使我有点难过，但我意识到，体育才能有时候是很难看出来的。

举个例子，你知道吗？在 1984 年的 NBA 大学选秀中，波特兰开拓者队（Portland Trail Blazers）进行了第二次筛选，他们选中了萨姆·鲍伊（Sam Bowie），而没有选中迈克尔·乔丹（Michael Jordan）。而现在有谁知道萨姆·鲍伊？这便是我的观点！

127

我听说过大卫·鲍伊（David Bowie）……但萨姆（Sam）？？

NBA选秀是一场充满悬念的体育盛会，每年都会举行。它是职业球队用来发掘未来的超级巨星的。并且如你所料，选秀中球员的名次越高，他就越有可能成为明星。**然而**，在两位经济学家对NBA选秀和球员的表现进行了深入分析后，他们发现了一些很有意思的现象。

经济学家了解到，选秀中球员名次越高，就会获得更多的上场时间。表面上看，这似乎很符合逻辑。但统计数据却显示，**即使一名球员的比赛记录好于另一名球员，在获得上场时间上真正起作用的，仍然是球员在选秀时的名次。**

你瞧，一旦专家——教练员和团队管理人员做出某种选择，他们就会忠于他们的决定。即使一名以较低名次入选的球员在比赛中表现得更好，球队仍然会把更多的上场机会留给那些以更高名次入选的球员。

我能应付这个家伙。

130

"对一名 NBA 球员的上场时间影响最大的，不是球员的表现、伤病或商业地位的高低，而是他在选秀中的名次。"

——奥瑞·布莱福曼（Ori Brafman）和罗姆·布莱福曼（Rom Brafman）
《摇摆：难以抗拒的非理性诱惑》
（*Sway: The Irresistible Pull of Irrational Behavior*）
（双日出版社，2008 年版）

131

"我讲得有道理吗？"

"是的，当然。
请继续说下去。"

"嗯……啊……"

"你知道，吉姆，感谢你把你所知道的这些研究成果讲给我听。但我所关心的是这些东西如何能对我有用……销售人员应该怎样利用一致性法则来卖掉他们的商品呢？"

"使用一致性法则的劝说者懂得不断地施加影响。他们先得到一个小的承诺。然后他们采取循序渐进的步骤向前迈进。最后，他们尝试将这些小的、不断积累的因素变成一个对他们有利的重大决定。"

"这听起来很像'一只脚先进门'策略。"

"是的，比利。'一只脚先进门'策略就是一个例子。"

134

"一只脚先进门"策略是让人们朝着他们想要去的方向前进。通过获得小的承诺（一只脚已在门里），你通常可以使人做出一个重大的决定。

"一只脚先进门"策略所利用的也是惯性原理。

惯性是一切物体本身固有的属性，它表示：

1. 除非受到外力的作用，一个静止的物体将一直保持静止状态；

2. 一个运动的物体将会一直运动，除非受到外力的作用。

优秀的劝说者懂得如何利用惯性。让人的"一只脚先进门"是一种可以把事情向前推进的好方法。

而且，只有运动才可以导致运动。

惯性起作用的另一个例子，是对**缺省选择**（default option）的令人着迷的研究。

优秀的劝说者明白，人们都不愿意做决定——尤其当该决定需要绞尽脑汁、认真反思或细致分析的时候。这是有关惯性第一只脚的一个例子——静止的物体更喜欢静止不动。

因此，聪明的营销者创设**缺省选择**——以便让**不决定**（non-decision）引发被营销者的优先选择。

让我给你解释一下。

美国各州想鼓励司机成为器官捐赠者。

各州政府明白，如果他们问人们：

"你们想成为一名器官捐献者吗？"

一定数量（但小于期望）的人们将会做出肯定回答。

于是，有些州采取了不同的方法来询问：

"你想成为一名器官捐献者吗？如果你不做否定回答，我们将假定你的回答是肯定的。"

你想猜猜这样问的结果吗？结果是：同意成为器官捐赠者的人数大大增加。

迫使人们选择退出的力量

　　这些州找到了如何使用惯性达到自己目的的方法。他们把做选择的义务推到了那些"不爱做决定"的人身上——他们认识到大部分静止不动的人仍会保持静止不动。接着，他们把一个**非决定**变成了他们想要的一种选择，也就是在效果上有利于器官捐赠的决定。

　　你想知道惯性的力量何等强大吗？嗯，拿两个相似的国家——德国和奥地利作为例子。德国要求人们**选择参加**器官捐赠，结果只有 12%的德国司机选择参加。奥地利要求人们，如果他们不愿意成为器官捐献者，则**选择退出**。结果在奥地利，99%的汽车司机成了器官捐赠者！！

140

"很多人都会选择一个需要付出最少努力的选项，或阻力最小的路径……对一个给定的选择来说，如果有一个缺省选择——也就是无须动手就能获得的一个选项——则大大出乎我们的预料，无论该选项是否对他们有好处，大量的人最后都会选择这一项。"

——泰勒（Thaler）和桑斯坦（Sunstein）
《**助推**》（***Nudge***）
（企鹅出版社，2008 年版）

141

回到吉姆和比利那儿。
他们正在用晚餐。

"我听说你为了让人报价买房，把人们逼得很紧。问题是，如果他们并不真心想要那套房子，那么，他们即使报了价，也会很快撤回的。"

"这种事情最近经常在我身上发生。"

"比利，只有当一个人所做出的'承诺'是出于他的个人意愿时，这种'承诺'才会有用。"

"也许有时我确实催促得太急了。"

"优秀的劝说者懂得：劝说之道就是**引导**一个人做出他此后不会反悔的承诺。注意：关键词是引导。需要他**准许**你踏进房门——而不是你自己用力地推门而入。"

"**专业的销售人员从不会让人有被迫购买的感觉——原因很简单，那就是他们从不那样做。但他们的确会进行引导。**"

——汤姆·霍普金斯（Tom Hopkins）
《如何掌握销售艺术》
（*How to Master the Art of Selling*）
（华纳图书公司，1982 年版）

好的，让我们接着往下讲。同一致性法则相似，还有一个与人类本性息息相关的永恒真理，能够帮助你学会如何成功地说服别人。那就是我们要讲的下一个劝说规则。

劝说规则第六条：

人们不喜欢欠人情。

我现在在玩一个小游戏，在过去的几个假期里，我都在玩这个游戏。

　　出于好玩，我从县税务卷宗中随机抽取了 500 个我不认识的人的名单。然后，我给他们每人寄去一张节日贺卡，上面写着：

　　"谨向您致以节日的问候。您的邻居：吉姆·兰德尔。"

　　我是在两年以前开始这样做的。作为回报，去年，我收到了 88 张贺卡。这些人都不知道我是谁，但他们觉得，我给他们寄了贺卡，所以他们也应该给我寄一张。这很有意思，是吧？？

今年我计划要寄出 1000 张贺卡。这个游戏有点傻，但没有人因此而受到伤害，而且我很喜欢看别人的家庭照片。

总之，我想表明的是：当人们觉得别人为他们做了什么事情的时候，他们就会做出预期的反应。说得更具体一点，他们会觉得应该做些什么作为回报。这种情况有时被称为互惠法则：如果你想让别人为你做点什么，你应该首先为他做点什么。

节日的问候

互惠法则起作用的原因是：如果人们觉得欠了别人的情，就会感到很不舒服。从你还是个孩子的时候，就可能有了一种根深蒂固的意识：要是有人为你做了什么好事，你也应该为他做点好事作为回报。

聪明的劝说者懂得如何利用这一特点——并让它对自己有利。

举例说明：一些商家试图利用赠送免费样品的方式，来创造一种义务感。

当你获得免费样品的时候，卖方是想达到以下两个目的：

第一，他想要你试用他的产品……而且希望你会喜欢。

第二，他想创造一种互惠愿望，即一种感觉：因为他为你做了一件好事（赠送免费样品给你），你也应该做点什么作为回报（购买他的产品）。

153

我最近读到一个实验：在威斯康星州某超市里，一家奶酪公司提供免费样品一个星期。现在在威斯康星州，人们是不会轻易被说服去买一个新品牌的奶酪的。我怀疑，这种免费奶酪是否真的明显优于威斯康星州人之前尝过的其他品牌的奶酪。

　　但是，你知道吗？经过一周的样品免费试用以后，那家商店的顾客购买了大量该公司的奶酪产品——研究人员认为，这在很大程度上是由于免费奶酪活动在那些吃过它的人群中创造了一种人情债的感觉。

美国邮政

就个人而言，我不喜欢吃奶酪。我吃了会胃痛。但是，嘿，威斯康星州人就爱他们的包装工橄榄球队（Packers）和奶酪。而且同其他地方的人一样，他们也屈从于互惠法则的压力。你为他们做些什么，他们就会为你做一些事作为回报。

作为一名优秀的劝说者，了解互惠法则是很重要的。而这又使我想到了另一点：成功劝说的**节奏**。

155

伟大的劝说者明白：销售通常是需要有节奏或者节拍的。通常来讲，劝说家需要等待时机，以便将别人的主意由 A 转变为 B。那些试图仓促行事的人，也即那些想加快劝说节奏的人，往往会一败涂地。

正如我们所讨论过的，不能给人们施加压力。你必须让人们自己得出这样的结论：你建议他们去做的正是他们自己想要的。而这通常需要时间。

这是我的太太卡罗尔。她是一个美丽的女子。在我刚开始追求她时，她对我没有兴趣。她认为我是一个怪人……想想看！！

嗯，幸运的是我很有耐心。我懂得做事的节奏。而且我明白互惠法则。我给她送去了许多好东西——鲜花、糖果之类的，以引起她的注意。最后，她接受了我的诚意，并同意和我一起去喝咖啡。

"感谢你同意和我一起喝咖啡。"

"嗯，那些美丽的花儿，我觉得这是我起码应该做的……坦率地说，我曾经想过，我最起码应该做什么。"

"是的，我明白。我有时候可能显得有点令人讨厌。"

"我可以问一下，你脖子上挂的那块秒表是干什么用的吗？"

"当然可以。嗯，我发现当我用秒来计算时间时，我的行动会更有效率。"

"我现在得走了。"

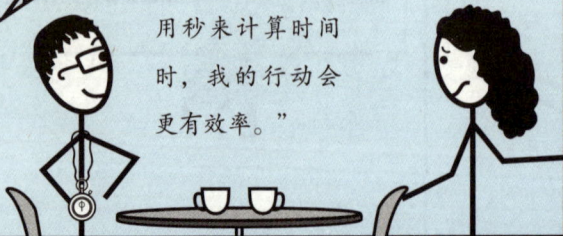

第一印象搞砸了。但我并没有放弃。我又努力了几个月时间，最终她同意和我一起吃晚饭。顺便说一句，这次吃晚餐，我没带上秒表。我们用餐很愉快。她终于了解到，我虽然有点傻里傻气，但我这个人真的不错。从那以后，我们的故事就开始了。

你瞧，每一桩销售都有一个时间表。必须保持一个审慎的进度。同时，通过为你要劝说的人做点好事，你会让他觉得欠了你的情，这至少会引起他的注意。这样，一件事的发生就会导致另一件事的发生，最终你就可以使你的目标同对方的愿望结合在一起。

160

耐心当然是一种美德。

．．．．．．．．．．．．．．．．．．．．．．．

**"亲爱的主啊，请赐我
以耐心吧……我现在就
需要它！！"**

——佚名

好了，现在我要休息一下，为今天晚上在法学院的讲座做准备。但在此之前，我想和你开一个玩笑，并以此来介绍一下我的下一个劝说规则。

162

魔术师"愚弄"观众的一种方式就是利用人们惯常采取的思维捷径。例如，当你总是体验从 A 到 B，再从 B 到 C 这样的程序后，你很有可能会认为，**事情的发生总是如此**。

魔术师明白这一点。因此，他们有时会打乱事情发生的真实顺序。魔术师所依据的事实是：大多数人在观看表演的时候，是不会停下来并提出质疑的。魔术师知道，大多数人只是对正在发生的事情做一些假设。

我现在想给你表演一个魔术。下面有六张扑克牌。

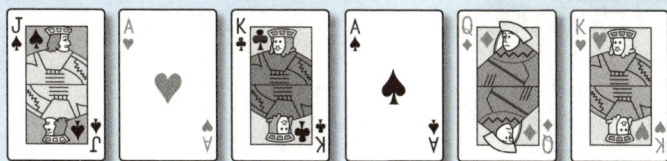

现在请你选择其中一张。什么都不要想，只想着那张扑克牌。把你的全部精力集中于那张扑克牌上，明白吗？好，我现在开始表演魔术。

首先，我要使用
一些障眼法。

鼓一下！
鼓一下！

咳，

咳，

咳……

哎呀，我的魔杖的威力比我想象的要大一些。

"嗯，有点小小的尴尬……但是，这丝毫不会影响我神奇的表演。"

好了，我已经用魔法的力量找出了你正在集中精力想的那张扑克牌。那张扑克牌现**在消失不见了**！

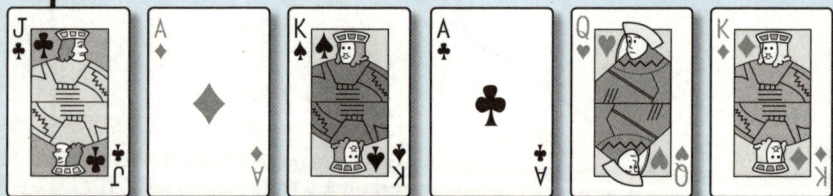

很奇妙，是吧？我怎么可能知道你会选择哪张扑克牌呢？

请你思考一秒钟。

明白了吗？当然。我把六张扑克牌都换掉了。不管你选中的是哪一张，它都不会出现在这一组内。

你上当了吧……至少几秒钟吧？

大概是这样。原因是我请你将精力集中于一张扑克牌上，这就使你认为我只会接触一张扑克牌。你的**设想**是不正确的。

顺便说一句，我从来没有对你撒谎。请记住我是怎么说的："你正在集中精力想的那张扑克牌现在不见了。"我从没说过我只换了一张扑克牌。

人们倾向于依赖思维捷径做出决定。

他们倾向于在没有对一个展示、一个提议，或者一个销售报告的每一个步骤或组成部分进行分析的情况下，就做出决策和结论。

劝说规则第七条：

人们常常不经过分析，就草率地做出决策。

晚上好，同学们。

今天晚上，我要谈一谈人们在没有时间、专业知识或兴趣对事情进行仔细分析的情况下，走捷径做出决策的问题。

人们都
喜欢
走捷径。

请看白色屏幕上的这张图画。正如你所看到的，上面有两张咖啡桌。请告诉我，这两张咖啡桌哪张更长更窄一些。

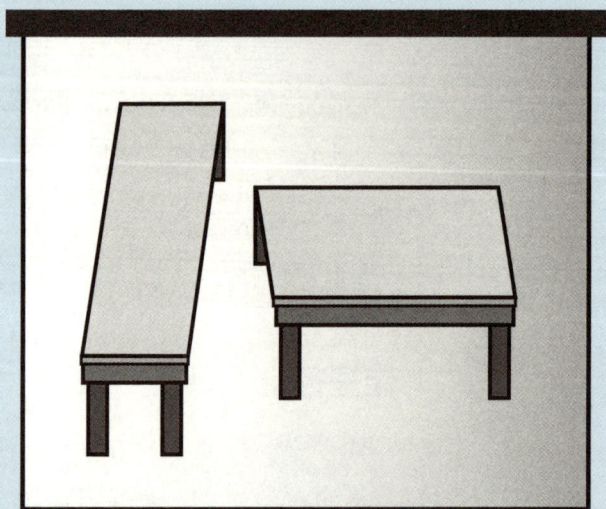

看好了吗？嗯，你可能会感到惊讶。这两张咖啡桌大小其实完全一样。

我知道。对于这一点，我也感到不可思议，因为它们看起来确实大小不一样。这是一种视觉错误，它用另一种方式向我们说明了，我们的心智是可能被信息的某种展示方式所蒙骗的。

在优秀著作《**助推**》中，作者提出了一个观点，即我们的思想可以被分为两个功能区。当我们出于反射或本能采取行动时，我们所使用的是**自动**系统。当我们坐下来，经过思考和分析，然后才做出选择或决定的时候，我们所使用的是**反射**系统。

由于要应对高度复杂的外部世界的压力和要求，我们往往依靠我们的自动系统来为我们做出决定。

让我来举例说明，当人们没有时间或专业知识来分析一个建议的时候，他们会怎样做出反应。

在一个旅游区里，有一家商店出售优质绿松石饰品——里面商品的质量无可挑剔。**但是**，没有人购买！

于是，商店老板决定降低价格。他给商店经理发了一封电子邮件，告诉她照办。**但是**，商店经理误解了电子邮件的内容，**她理解成了应该把价格提高一倍**。而此后不久，珠宝开始热销。

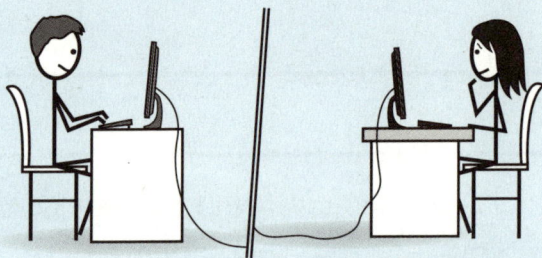

这是怎么回事呢？嗯，游客们都不知道好的绿松石饰品应该卖什么价格。原先的价格太便宜，不像是质量上乘的珠宝应有的价格。所以，游客都不愿买。

但当价格突然翻了一番后，来到该商店的人们**猜想**，定价如此之高的珠宝，质量一定非常好。因此他们开始排队购买。

人们总是把
价格视同于价值。

游客们的行为是非理性的。

很多时候，优质产品是会卖高价的。在上面的例子中，他们没有能力去评估珠宝的价值，所以他们便只好仰赖于一个可靠的思维捷径了。

精明的市场营销人员（劝说者）明白，人们常常把价格
与价值相提并论。

还是珠宝的例子，让我再告诉你一个关于黑珍珠的故事。

1970 年，一个著名的珍珠商人萨尔瓦多·阿萨埃尔
（Salvador Assael）被介绍去经营黑珍珠。这些珍珠来自塔
希提岛的牡蛎。但是在做了许多努力以后，阿萨埃尔却不能让
市场对他的黑珍珠产生需求。

直到有一天，他酝酿了一个计划。他找
到一个朋友，珠宝商哈里·温斯顿（Harry
Winston），问他是否可以把一串黑珍珠挂在他
的店面窗口——并标以非常高的价格。温斯顿
说："没问题。"结果，还没等你来得及说出"塔
希提岛牡蛎"几个字，一串串黑珍珠就已经出
现在纽约市最富有的女性的颈项上了。

关于人们是如何成为价格—质量推论的牺牲品的，我最喜欢的一个例子是斯坦福大学的巴巴·希夫（Baba Shiv）教授所做的一个实验。

希夫教授要求人们试用一种新的"高能"饮料，该饮料可以使人们更加有活力（实际上就是糖水）。一些人需全款购买，另一些人可享受打折优惠。但每个人所买的饮料都是相同的。

然后，这些糖水饮用者被要求解答一系列智力测试题。

以下是这一实验的惊人结果：**那些享受打折优惠的饮用者始终比那些付了全款的人少答出 30% 的题。**换句话说，那些得到优惠"高能"饮料的人认为，他们获得的饮料肯定效果要差一些。而他们的想法竟变成了现实。

"我们一遍又一遍地做研究，不敢确定我们得到的结果是否出于偶然或侥幸……但每次得到的结果都是相同的。"

巴巴·希夫教授

183

"为什么更便宜的'高能'饮料不那么有效……因为（人们）总是认为平价物品效果差，所以一般来说，它们的效果就会差了。这就是名牌阿司匹林比普通阿司匹林的效果要好，可口可乐比便宜可乐的味道要好的原因。其实，在盲测中，大多数消费者根本说不出它们的差别何在。

"'人们心中普遍存在对于世界的一些观念——例如，便宜的产品质量较差——而且他们还将这种观念转化为对具体产品的具体期望，'希夫说，'然后，一旦这些期望被激活，它们便开始对我们的行为产生真正的影响。'"

——乔纳·莱勒（Jonah Lehrer）
《如何做出正确决定》（*How We Decide*）
（霍顿·米夫林出版公司，2009 年版）

184

除了运用"价格等同价值"的反射作用外，一些劝说者还运用了对比原则。

对比原则讲的是：如果我想使你做出对我有利的决定，我需要首先给你一个不合理的提议，以便使得我希望你所做出的选择在对比下**看上去**比较合理。

你能告诉我，这两个黑球哪个更大一些吗？嗯，如果你猜它们同样大小，你就说对了。左边的那个看上去显得更大，只是因为它周围有几个较小的球在和它相比较。

你瞧，我们很少对产品或建议进行有针对性的估测。我们对于价值的评估通常是由与此相关的其他事情得出的。

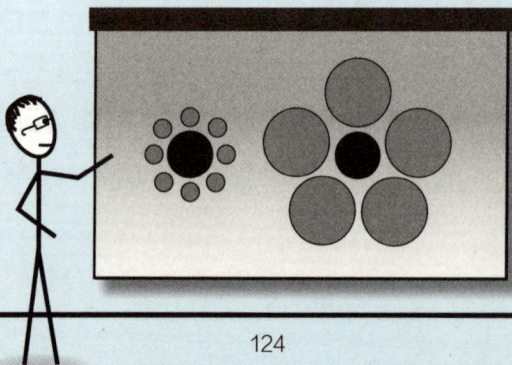

提到相对性，一项关于首席执行官薪酬问题的研究使我感到很有意思。早在 20 世纪 90 年代早期，并不是所有的上市公司都会披露他们首席执行官的薪水。股东维权者认为，这样做是错误的。他们认为，公众应该知道首席执行官们赚了多少——他们相信，这样做能够使首席执行官的薪水处于公众监督之下。于是，首席执行官的薪水开始公开。

想猜猜发生了什么吗？首席执行官的薪水非但没有**下降**到普通工人平均工资的数倍，相反，它们还**增加**了！想知道为什么吗？

原因是：当一些首席执行官知道了他们在其他公司工作的同行的收入以后，他们变得非常不高兴。很多人认为，**从比较的角度来讲**，他们赚得还不够多。结果，工资披露引发了一场工资竞争——从而导致了首席执行官工资收入的飞速上扬。

187

"一个男人对他的薪水的满意程度，仅仅取决于他是否比他妻子的姐夫赚得多。"

——H.L. 门肯（H. L. Mencken）

精明的商人懂得如何使用对比原则，刺激人们以看似非常合理的价格购买产品，至少与其他商品的价格对比起来是合理的。

在比利的世界里，一些房地产代理人故意向购房者展示定价过高的房屋，以便使买方欣然接受这个代理人想要他购买的那个房屋。这些定价过高的房屋都是圈套。

在一些餐馆的菜单上，有一些菜是特别昂贵的。经营者从不指望有人会点这些菜。相反，他们是为了制造某种效果，是想给人以这样的印象：其他菜的价格是非常合理的。

千万不要点青蛙腿。

人们很少按绝对价值衡量和选择物品。我们没有一个内在的价值计量表来告诉我们什么东西价值几何。相反，我们总是专注于一件物品对于另一件物品的相对价值，并依此对其价值进行估算……

——丹·艾瑞里（Dan Ariely）
《怪诞行为学：可预测的非理性》
（*Predictably Irrational:The Hidden Forces that Shape Our Decisions*）
（哈珀·柯林斯出版社，2008 年版）

191

还有一个类似于对比的现象，被称为**锚定**。

锚定原则讲的是，在估算价值的时候，人们总是潜意识地从参照点出发。

研究已经表明：劝说者可以通过首先使某人与一个基准或参照点（锚点）建立联系，进而影响他的思维。

作为例子，我想告诉你丹·艾瑞里教授进行的一个实验。

有一天，丹·艾瑞里教授让他的学生写下他们社会保障号码的最后两位数。然后他又让学生们竞拍他所抛售的一些物品。

他想确定，将学生锚定于一个数字（他们社会保障号码的最后两位数）这一做法，是否会影响他们对出售物品所估算（出价）的价值。

那么，丹·艾瑞里教授得出了什么结论呢？

尽管学生们强烈否认其出价受到了他们的社会保障号码的影响，但那些编号数字大的学生所出的价格**明显**高于那些编号数字小的学生所出的价格。

换句话说，单纯地写下毫不相关的数字（社会保障号码的最后两位数）的行为，创造了一种可变通范围，在学生们对所售物品出价时起了作用。或者换一种方式说，那些**被锚定于**较大数字的学生（下意识地）倾向于给出更高的价格。善解人意的劝说者们当然对此深有感悟。

"当一个人面临某种不确定的情况时……他是不会仔细评估信息、计算概率，或做太多思考的。相反，他的决定取决于一系列由心而生的情感、本能和思维捷径。"

——乔纳·莱勒
《如何做出正确决定》

195

啊哈，真是光阴似箭。

我想表明的一个观点是：在没有时间、专业知识或者兴趣进行充分分析的情况下，我们人类在思维的过程中，往往采取走捷径的方法。聪明的劝说者可以利用这些捷径。

所有这些，对我们的下一个劝说规则来说，都是很好的引子。

196

劝说规则第八条：

人们喜欢随大流、追逐名人和权威。

197

许多人都会受到心理学家所说的羊群效应的影响……在对某一特定提议的价值进行评估时，他们喜欢随大流。但在我们开始讨论羊群效应之前，我想给你讲个笑话。

三个律师正在钓鱼。他们的船翻了，律师们发现他们落入了鲨鱼出没的水域。出乎救援者意料的是：律师们竟然均毫发无损。

你猜出到底发生了什么吗？

你猜对了，当然是因为他们有良好的职业礼节①！！

①即通行的礼节。鲨鱼一切通吃，律师可以服务于各行各业，任何一个行业，任何一个人，都可能跟律师打交道。——编者注

嗯，我承认，这不是个最好玩的笑话。而且我可以通过房间里的沉默来推论，你们大多数人听过更有趣的笑话。不过，现在让我来问你们一个问题。

如果此时这里不是死一般的寂静，而你周围的学生都开始放声大笑的话，你会不会对我的笑话做出不同的反应呢？你会不会对我的笑话的看法要好得多了呢？而你自己实际上也会微笑一下，或者大笑几声呢？

这个问题不是一个纯粹的学术调查。相反，它是有关预置笑声的全部观点——不论何时，每当你观看电视情景喜剧时，都能听到这种空洞的、做作的、毫无遮拦的哈哈声。

电视台的主管们到底凭什么认为，用人造的笑声充斥他们的节目，人们就会觉得他们的节目更加搞笑呢？？

嗯，我的回答是：**预置笑声在起作用！！！**

"为什么预置笑声能够大行其道呢……任何人都能辨认出那种录制的笑声。它是如此喧嚣，如此明显地作假，与真实的笑声完全不可同日而语……然而，尽管它的伪造痕迹那么明显，但它还是能够在我们身上起作用！

"当人们看到其他人在做某个行为时，他们就都倾向于认为该行为更加适当，这一点通常行之有效。作为一个规律，跟随社会潮流而动，而不是逆风行驶，我们就会少犯错误。通常来讲，当很多人都在做同一件事情时，它就是正确的选择了。"

——罗伯特·西奥迪尼
《影响力：劝说心理学》

202

来跟我的小伙计打个招呼吧。它是一只小旅鼠。有些人认为，旅鼠会互相追随着，投入汹涌的河流并溺水而亡。但那不过是个谣言而已。

旅鼠可没有那么傻。从比喻的意义上来说，人类有时却没有那么聪明。

这家伙发神经了吧！

社会生活中的一个惊人现象是**社会传染**。当各种类型和各个领域的人都在人云亦云、随风而动的时候，这种现象就发生了。

　　我是在第一次阅读罗伯特·希勒（Robert Shiller）教授的优秀著作《**非理性繁荣**》（*Irrational Exuberance*）时知道这个词语的。希勒教授认为：盲目行为是具有传染性的，例如：许多人购买未经证实的互联网股票或标价过高的房地产，**只是因为别人也在这么做**。

啊呦！！

啊呦！！

我们容易受到虚假泡沫蒙蔽的原因之一和我们容易被专业魔术师所欺骗的道理是相同的。当聪明人变成骗人专家，并投入多年时间来熟习一种行为时，他们就可以在我们眼前施展他们那看似不可能的技能来耍弄我们，至少在一段时间内欺骗我们……当我们让专业魔术师那样的人来运营我们的一些公司或充当房地产经纪人的时候，我们必须知道，我们所看到的并非事实。

——罗伯特·希勒
《非理性繁荣》
（双日出版社，2005 年版）

啊欧！看起来我们好像成了朋友。

营销人员明白：人们倾向于随大流。相信你曾经听到或看到过，在市场营销活动中使用的"大部分人都喜欢"或"人们正在转投到我们的品牌"这些语句。他们这样做的目的就是要控制你的头脑，转变你的思维，从而让你做出有利于他们的决定。

同随大流现象和人们所称的羊群效应相类似，我们还有一种本能，那就是追随显赫的或著名的人士——名人。

当我们对自己的选择犹豫不决时，我们有时会依靠一种习惯性思维方式，即：如果那些漂亮的、有才能的人选择某种东西的话，那么，这种东西一定很不错。

近日，电视上播出了一系列的索尼产品的广告。里面起用了印第安纳波利斯小马队四分卫佩顿·曼宁（Peyton Manning）和流行歌手贾斯汀·汀布莱克（Justin Timberlake）。在其中的一段广告中，佩顿和贾斯汀在打乒乓球。

那么，佩顿·曼宁和贾斯汀·汀布莱克打乒乓球和索尼产品究竟有什么关系呢？

的确关系不大。但很多人会认为，既然佩顿和贾斯汀在索尼的广告中打乒乓球，那么他们就一定喜欢索尼产品。然后，"见鬼，"我们就会想，"如果连佩顿和贾斯汀这样的人也喜欢索尼，那么对我来说，索尼也就已经足够好了。"

目前，我刚刚同 T-Mobile 签署了一个新的手机合同。我向妻子发誓，这与他们以凯瑟琳·泽塔－琼斯（Catherine Zeta-Jones）为主角的广告活动毫无关系。我解释说，我花了很多时间，考察了其他手机公司提供的所有不同的选择，觉得 T-Mobile 最适合我。

琼斯女士影响我的决定了吗？哎呀，我可不这样认为……但是，我也不太确定。

211

"越来越多的研究表明：我们的行为和决策受到一系列心理潜流（不可见的精神力量）的影响。而且这种潜流要比我们大多数人意识到的更强大，更具有说服力。"

——奥瑞·布莱福曼和罗姆·布莱福曼
《摇摆：难以抗拒的非理性诱惑》

人类除了具有从众心理和追逐名人的特点外，往往还会盲目坚持那些笼罩着知识、权威或成功光环的人士所提出的建议和主张。正因为如此，每当知识、权威或成功的**外表**和现实脱节时，我们常常会陷入迷茫之中。

由于人们常常将一个人的外貌等同于他的正直、洞察力或者判断力，所以人们有时候会跟错人……或者换句话说，他们没有去跟随他们应该跟随的人。

　　例如，研究人员已经证明，在人行横道上，许多行人都会跟随一个**穿着讲究的人**违反交通规则过马路。他们只是觉得，穿着优质衣服的聪明的家伙自然知道自己在做什么。**然而**，如果给这个家伙换一身普通的衣服，并让他违反交通规则过马路的话，他就得一个人独自穿行了！

一个冬日，在华盛顿特区进行的一个实验深深地吸引了我。

2007 年 1 月 12 日——作为一项秘密研究的一部分——世界最著名的小提琴家之一乔书亚·贝尔（Joshua Bell）带着他那价值 350 万美元的斯特拉迪瓦里小提琴，走进了华盛顿特区地铁站。

并且在将近一个小时的时间里，地铁站台上始终飘扬着以前从未有过的美妙音乐。

结果如下：那天早上，从贝尔先生跟前走过的 1200 个人中，只有 7 个人停下来听了演奏。大多数人甚至都没有朝他这个方向瞥一眼。

这是为什么？

因为我们大多数人都还分辨不出伟大的小提琴演奏和普通的小提琴演奏有什么区别。因此，我们都走了思维捷径：我们会猜想，如果一个衣着普通的家伙在地铁站演奏，把他的小提琴箱子放在脚边接受捐赠的话，那么，他一定只是一名街头音乐家！！

● ● ● ● ● ● ● ● ● ● ● ● ● ● ● ● ● ● ●

如果你想观看贝尔先生的地铁演奏，请访问：

http://www.youtube.com/watch?v=myq8upzJDJc&feature=related

成功或权威的外表可以把我们误导至相反的方向。换句话说，我们通常认为，那些**看上去**成功或权威的人士总是知道得比我们要多。

你听说过南森·汉德沃克（Nathan Handwerker）吗？我也是在读了关于他如何开始制作**南森的著名热狗**的故事后，才知道他的。

汉德沃克是个波兰移民，他能制作美味的热狗。早在1916年，他就在科尼岛的木板路上支起一个摊，销售他那了不起的热狗。

但是，没有人购买。

直到有一天，南森有了一个主意。他来到附近一家医院，声称只要医生身穿白大褂、戴着听诊器走到他的摊子跟前，他就向他们免费提供热狗。南森知道，当其他热狗食客看到医生们在他的摊位前排起长队时，他们会**认为**他的热狗一定品质不凡。南森所想没错：当人们看到医生们排起了长队时，他们纷纷跟在了后面。顺便提一句，我们永远不会知道，那些身穿白大褂的热狗喜爱者真的是医生，还是南森的朋友化了装所扮演的劝说者。

嘿，那个人不是医生，他是我的表兄文尼。

热狗

我们已经看到人们如何随大流、追逐名人，以及跟随医生买南森的热狗了。不管是不是故意的，我们人类往往喜欢跟在那些似乎明白自己在干什么的人后面，排起长队。

澳大利亚的研究人员想要证明：这种本能是如此强大，以至于影响了我们体验客观标准的方式——在这个案例中，受其影响的是我们如何"看待"他人。

以下是实验的内容：

研究人员把一个身高 5 英尺 10 英寸（约 1.78 米）的男子领进 5 个不同的教室。在第一间教室，他被介绍说是一位新来的学生。在第二间教室，他被介绍说是一名游客。在第三间教室，他被介绍说是一名研究生。在第四间教室，他被介绍说是一位教授。而在第五间教室里，他被介绍说是一名"德高望重"的教授。

第二天（该男子不在现场），研究者们又回到这五间教室，请同学们估计一下那男子的身高。

在前三间教室里，当时那位男子分别被介绍说是新生、游客和研究生，学生们的平均估计与那名男子的确切身高很接近——大约 5 英尺 10 英寸。

下面就是这件事情最令人着迷的地方了：在第四间教室里，也就是那名男子被介绍为教授的地方，对他身高的估计是 6 英尺高！而在第五间教室，学生们对我们这位"德高望重"的教授身高的估计是 6 英尺又 0.5 英寸！

换句话说，这名男子的身高随着头衔的升高而"长高"了！

这项研究显示：我们倾向于将更高大的体形特征归属于那些有着权威或成功光环的人士。

现在让我来问你：你能猜出到底什么样的人才会真正明白，当我们被权威和成功人士的外表所折服的时候，大多数人是如何进行快捷思维的吗？

没错！
是骗子！！

如你所知，白色屏幕上的照片是伯纳德·麦道夫（Bernard Madoff），他从人们的口袋里骗走了 500 亿美元。

麦道夫先生深刻理解劝说法则。

他知道人们是如何绕开理性分析而接受权威和成功人士的推论。他为他潜在的投资者所提供的，都是好得不真实的东西——可预见的、稳定的、超过市场行情的回报。

那么，为什么会有那么多聪明人士上了麦道夫先生的当呢？

第一，他具有成为权威的根据。他曾是纳斯达克证券交易所的头儿。第二，他具有所有成功人士所应该具备的外在条件——华丽的衣服、漂亮的住房以及高级乡村俱乐部会员资格。第三，他懂得运用稀缺原则，一开始就将那些想和他一起投资的人拒之门外。

因此，那些如此聪明的人——竟然失去了他们良好的判断力—— 一心只想着他才是真正的财神爷。

226

"我们从不上当受骗；我们只会自己欺骗自己。"

——约翰·沃尔夫冈·冯·歌德
（Johann Wolfgang von Goethe）
（1749－1832）

227

尽管像伯纳德·麦道夫这类家伙擅长诱导他人，但在竞相向你推销其客户产品和服务的全球广告商及营销人员面前，他不过还是一个业余级的人物。

　　下周我们打算关注一下这些方面，讨论一下由万斯·帕卡德（Vance Packard）写的一本书，并来了解一下广告商和销售商们是如何进入我们的头脑和心灵，并打动我们的情感的。

　　祝你有一个美好的夜晚！

万斯·帕卡德

"哇，一个小时飞逝而过了耶！"

"这堂课真是太棒了！"

正如你所见，我的学生的确很喜欢我的课……嗯，也许是我**硬**这样说吧。

劝说规则第九条：

决策很少由理性做出。
通常来说，动之以情才是关键。

为了准备下周的课，我重读了万斯·帕卡德的伟大著作《**隐藏的劝说者**》（*The Hidden Persuaders*）。帕卡德是一名记者。这本书写于 1957 年。

帕卡德写作此书的目的在于揭示广告业是如何利用消费者的情感——诱使消费者购买其产品和服务的。帕卡德认为：精明的广告商和营销者们通过推进、拉动或刺激，促使消费者产生一种渴望的情感，来为他们的产品创造需求。

"这本书尝试对一个陌生而又异乎寻常的美国生活的新领域进行探索。它讲的是通过运用源于精神病学和社会科学的洞察力来对我们不假思索的习惯、我们的购买决定和我们的思维过程进行引导所做的大规模的努力，这些努力通常取得了令人印象深刻的成功。一般而言，我们意识不到这些努力的发生；所以在某种意义上说，推动我们的诉求是'隐藏的'。结果是：远远超出我们的意料，在我们日常生活的各个层面上，我们中的许多人都被影响和操控了。"

——万斯·帕卡德
《隐藏的劝说者》
（Simon&Schucter 出版社，1957 年版）

232

让我从帕卡德的书中选两个例子，讲给你们听。

早在 1950 年初，一些销售冰激凌的公司想增加销售量。于是他们雇用了一个消费者激励方面的重要的权威人物欧内斯特·迪希特（Ernest Dichter）。

迪希特觉得，冰激凌制造商的广告太无聊了——只把注意力集中在产品的属性，比如品质、味道和价格上。

迪希特想要的是一些更加令人兴奋的东西，一些与人类精神有更多联系的东西。于是，他和他的研究团队同成千上万的冰激凌食用者进行了交谈。

他们了解到的情况是：对许多冰激凌食用者来说，吃冰激凌就是一种自我放纵，是一种无视饮食热量、埋头大吃的经历。谈起吃冰激凌，有些人甚至用了"沉迷酒色"一词来形容。

结果，迪希特劝说他的客户不要再用原来的照片或广告来销售冰激凌。照片或广告上展示的是闪闪发光的盘子里，或者造型优美的餐具上摆放着洁净的勺子。迪希特更喜欢黏糊糊的冰激凌奶油正在从盘子里或者其他容器中融化、溢出的那种影像。

迪希特博士的一份报告建议：让冰激凌看起来像是一种液体——来触发我们与流质之间本能和积极的联系。

"它将把我们带回到最初的那种感觉……那是一种被母亲子宫里的羊水所包围着的深切的产前感觉。"

迪希特和他的研究人员想让冰激凌制造商和人们在一些基本的情感层面上建立联系。他的建议奏效吗？

嗯，冰激凌销售量上去了。而且更重要的是，就在此时，**软冰激凌**开始流行，而且像"DQ"这样的店开始如雨后春笋般地出现在世界各地。

有关迪希特博士如何玩弄人们的头脑，我最喜欢的一个例子是关于梅子的故事……一种很不起眼的梅子。

早在 1950 年，这种梅子的形象并不佳。就像帕卡德所指出的那样，这种梅子会让人产生"一种劣等的感觉"。当人们想到"梅子"一词时，他们就会联想到"老处女"或"干枯"等词语。更重要的是，梅子主要被认为是一种泻药，而便秘人群并不算是一个大市场。

换句话说，人们对梅子的兴趣只存在于洗手间里。

迪希特博士觉得，需要采取一种全新的方法。不管怎么说，梅子供货商必须改变梅子的形象。

梅子干

在迪希特博士的指导下，梅子销售商改变了他们的营销方式。他们不再强调梅子的泻药作用，也不再渲染梅子暗黑和混沌的颜色。

"在新制作的广告里，孩子们在愉快地玩耍……年轻人的形象逐渐由儿童变为正在进行花样滑冰或打网球的漂亮女孩。梅子被放在明亮和欢乐色调的盘子里进行展示……配合着这些照片，广告语说道：'给你的双脚装上飞翔的翅膀'和'获得至高无上的幸福感觉'。一则广告说：'让梅子为你的血液注入色彩，为你的脸庞增添光辉。'"

——《隐藏的劝说者》

239

你瞧，"梅子又重新焕发了生机——梅子的销量节节上升。

• •

迪希特博士是最早探讨人们选择产品之原因的人士之一。几十年后（今天），在通过各种各样的许诺打动我们的心灵方面，营销人员已变得极其聪明。

如果你想说服某人赞同你的观点，不论这个观点是什么，你都需要明白：人们的决定很少是凭借一种分析、逻辑或冷静的思考做出的。相反，人们的决定是在一些潜意识层面上做出的——也就是说，是在情绪、意识和逻辑相交叉的层面上做出的。

"我们的潜意识是一种强大的力量。但它是不可靠的。我们的内部计算机并不总是灵光闪现，瞬间就能够揭示事情的'真相'。它可能会关机、程序紊乱，或者残缺不全。我们的本能反应必须经常同各种各样的其他兴趣、情感和情绪进行竞争。"

——马尔科姆·格拉德韦尔（Malcolm Gladwell）
《眨眼之间：不假思索的决策力》
（*Blink: The Power of Thinking Without Thinking*）
（Little Brown 出版社，2005 年版）

242

所有伟大的劝说者均具备的能力之一是一种打动人们情感的能力。销售人员、律师、商人、政治家和小说家——其中的佼佼者都懂得这一点。他们知道，影响他人的方法就是触及这个人内心深处心灵与大脑相连接的地方。

比利不具备这种能力。他这个人有点肤浅，不懂得在情感层面上和他人建立起联系。但他认为他应该可以在房地产领域获得成功，因为人们一直都说他是个伶牙俐齿的人。

国际梦想家园

"比利，我告诉过你，我要帮助你在房地产经纪人这方面踏上成功之路。现在我要告诉你实现这一目标的秘诀。"

"太好了，是时候了。到目前为止，你都快把我弄糊涂了，也没见你帮助我什么。"

244

"抱歉。好的，你准备好了吗？你可能会想用笔把它写下来。"

"不用担心，我记忆力超强。"

245

"那好。秘诀就是:**停止为你自己着想。**"

"这就是秘诀吗? 就是这个吗? 你知道吗? 你真是一个疯子。"

"比利,你不能卖出去更多房子的原因,就是你总是在想每一笔销售可以**为你**带来什么。你想的**是你会**获得多么大的一笔佣金。你想的是和你办公室里其他人相比,**你做得**怎么样。结果,你忘了这一条:如果一个劝说者不首先关注**别人的需求、愿望和梦想**,他就永远别想说服别人。

"人们是在心底里被说服的,比利。你擅长列举事实和数字。你言辞清晰、八面玲珑。但是,你却是一个机器人。你和他人的接触还不能够促使他们做出决策。"

"我不喜欢你这个人。"

比利对我说的话表示反感，我感到很难过。但是，我知道我说得没错。成功说服别人的关键在于打动人心，即找到一个人感情方程式的那个节点。在那个节点上，他会因为你的建议而觉得更安全、更有魅力或更强大。这正是劝说的真谛所在。

我卖东西给别人的目的，是帮助人们得到他们想要的那种对自己和对自己所买物品的良好感觉。

——斯宾塞·约翰逊（Spencer Johnson）
《一分钟推销人》
（***The One Minute Sales Person***）
（William Morrow 出版社，1984 年版）

　　我想你一定能意识到，我们让比利扮演房地产经纪人，对任何想要劝说或者说服他人以某种特定的方式行动或思维的人而言，都是一个**比方**。

　　无论你是在试图说服某人做什么或者想什么，你都必须始终牢记，当心被打动时，想法就会改变。

理智是激情的奴隶。

——苏格兰哲学家大卫·休谟（David Hume）
（1711—1776）

好了，在我们讲最后一个劝说规则之前，先来回顾一下到目前为止我们所学的内容。

到目前为止，我们已经讨论了九条劝说规则：

第一条，要具有亲和力。

第二条，不打无准备之仗。

第三条，仔细聆听并察言观色。

第四条，稀缺促使人们采取行动。

第五条，人们总想始终如一。

第六条，建立某种互惠。

第七条，人们经常不假思索地认为价格等于价值。

第八条，人们总爱随大流、追随名人或权威人物。

第九条，决策皆基于感情。

我从事商业交易已经 30 年了。作为一名委托人、经纪人和律师，我所促成的各种交易至少已有上千件——在这一过程中，最好的和最差的劝说者我都见识过。

我一直在观察和学习。我得出的结论是：最好的劝说者，也就是那些总是能改变别人想法的人士，几乎都是极其诚信的人。

劝说规则第十条：

说服力就是诚信。

美国第 16 任总统亚伯拉罕·林肯

"如果我是双面的话，
我会呈现这一面吗？"

我意识到，我所讲的有点抽象。我明白，坐在办公桌后面不厌其烦地夸夸其谈何等容易。当然，我很清楚，在渴望得到某件东西时，我们有时会非常矛盾，不知道到底该采取什么方法才是正确的。

事实上，如果你允许我扯远一点，我想告诉你一个我所犯的可怕的错误。那时我还是一名年轻的企业家。

169

在我商业生涯的初期，我曾是一名房地产业的投机者。我会试着去买一些价格便宜的房子，不久后以较高的价格将其转售。

所以，我总是在寻找价格便宜的房屋来买。做到这点的方法之一是尽早地找到卖方—— 一旦得知谁的房子即将投放市场，就立即找到他。我会与对方做一笔干净利落的买卖，而且我发现，他们中的许多人，为了避免一场旷日持久的销售拉锯战，都愿意接受我的价格。

一天，我正坐在办公室里，这时传来了警报声。我感到很好奇，因为有警报声，就意味有火灾。而有时火灾就意味着甩卖——换句话说，我就能买到一所便宜的房子。于是，我走到外面去查看能否找到警报来自何处。我果然找到了。

　　就在几条街区之外，我看到一辆消防车，而且看到一名老者被急救人员用轮椅推出了那所房子。很显然，他刚刚去世了。

　　我立刻一路狂奔，来到市政厅，查到这名男子有一个女儿住在美国中西部地区。我相信，她很快就会知道谁将负责处理那所房子的销售。

那天晚上，我打电话给他的女儿。

"喂，我是吉姆·兰德尔。我工作的地方离你父亲的房子不远。我是一个房地产买主。我想知道，在您父亲不幸辞世后，由谁负责处理这所房子的销售。我是一个干净利落的买主，可以为卖方省去销售过程中的很多麻烦。"

起初，没有回答。但随后我听到一声轻微的抽泣声。接着，我心头突然"咯噔"一下……原来这位女儿竟然尚未得到她父亲去世的消息。

这几乎是 30 年以前的事情了。但时至今日，我仍在为我的所作所为耿耿于怀。为了努力使自己得到一个劝说别人将其房屋卖给自己的机会，我行动得如此之快，以至于我竟没有来得及想一想我在做什么。结果，我成了告知一名年轻的女子，她的父亲刚刚去世的消息的人。

在那以后，我还犯过许多错误，但还没有哪一件像这一件一样，留在我内心深处，让我久久不能释怀。在忙着攫取成功的时候，我竟然对人类最基本的同情和礼貌都视而不见了。

你可能会觉得，劝说规则第十条同目前为止我们讨论过的问题不大一致。一方面，我在出主意让你劝说成功——说服别人赞同和接受你的观点。另一方面，我说的却是，在你的劝说努力中，你需要保持高尚的心灵。

当然，有时候我们要在两者之间保持平衡。

现实是：在任何一次劝说事件中，其中的一个人都可能胜过另一个人。当然，我希望那个人是你。不过，我还是认为有办法实现公平行事。

我的揣测是：在大多数劝说事件中，所涉及的当事人双方在知识和能力上是相对均衡的。在这种情况下，如果你胜过了对方，那就这样吧。我所反对的是以下两种情形：

（1）你的劝说事件的本质是：在你和你正在试图劝说的人之间，存在着知识、经验及能力上的**巨大的不平衡**；

（2）劝说的结果对对方来说存在**严重的伤害**。

在正确和错误之间，每个人都需要有一条明确的界线。我很难确切地定义什么是"巨大的不平衡"或"严重的伤害"。这些需要由你自己来做决定。

不过，我的观点是：只要你在开始进行一件劝说事件之时，抱着一颗**公平竞争之心**，并努力寻求**双赢**的结果，那么，你就可能（将会）成为一个强有力的劝说者。

"关于说服力，或者推销术，还有另外一个条件。那就是气质，或称个人品质的道德状况。不管人们如何被我们的表面知识所吸引，不管他们如何被我们的情感承诺所折服……除非他们认为，在同他们打交道的过程中，我们在道德上是忠实可靠的，否则他们是不会完全被说服的。

"要想把我们的项目、产品或服务销售给别人，我们首先必须让他们接受，我们是道德高尚、值得信赖的合作伙伴和同事。"

——汤姆·莫里斯（Tom Morris）
《真正的成功：卓越新哲学》
（*True Success: A New Philosophy of Excellence*）
（Putnam&Sons 出版社，1994 年版）

265

我担心比利的诚信度。有时，为了给一所房子找到一个感兴趣的准买家，他会添油加醋、歪曲事实。那是非常短视的。

我最喜欢的一条谚语是生活在 1771 年到 1832 年间的苏格兰诗人兼小说家沃尔特·司各特（Walter Scott）先生写的：

"哦，在我们第一次学着去欺骗别人的时候，我们编织了一张多么复杂的网啊。"

我喜欢这首小诗，因为它讲的是真理。那些自以为聪明绝顶，可以用诡计和操纵大行其道的人，终有一天会被自己的网缠住。他们迟早（如伯纳德·麦道夫）会自取其辱、不得善终。

诚信是最好的策略

1

欺骗是瞒不住的。当一个人掩盖事实的时候，大多数人都能感觉得到。通常来讲，耍阴谋诡计终将事与愿违。

2

即便你能愚弄别人一次，你却难以再做第二次。而且你的坏名声会被口口相传。一旦你获得了狡诈的名声，那么，你将永远无法发挥你的最大潜能。

3

撒谎比说实话要花更多的精力。从根本上讲，任何事情的成功都是将有限的精力用在需要的地方。做一名圆满的说谎者需要有创意。还是把你的创造力和精力省下来，把它用在做好你的（诚实的）本职工作上吧！

4

因果报应：这个不好解释，且没有科学依据。权且相信吧。你欺骗了别人，坏事就有可能发生在你的身上。

268

让人难过的是，我们的课程即将结束了。今晚我还要到法学院去上课。我听说比利和贝丝都会到场。我希望你也能去听听。

同学们，我们的课程到此就要告一段落了。

我希望你们会记住你们所学的有关劝说艺术的知识。而且我希望你们能够充分合理地使用你们所获得的新技能，使其既强大有效，又光明正大，让人崇敬。

谢谢你们对本学期课程的关注。晚安，并祝你们好运。

下课后

"吉姆，我陪着贝丝听了你最后几堂课。我必须承认，我很喜欢它们……而且，我已决定离开房地产经纪这一行了——我觉得房地产销售不是我余生所要从事的职业。"

"哇，那你打算做什么呢？"

报告厅
101

"我已经决定去做一个骗子！"

273

"我只是开个玩笑，吉姆……我想去做教练。听说有所高中在招聘助理足球教练，我报了名。我现在手头没有钱，我会继续留在房地产行业工作，直到我能负担得起这次工作变动……或者，直到贝丝做律师做到了像你们一样，开始大把大把地赚钱。"

"大把大把地赚钱就不要提了……但是，这对你有好处，比利。"

274

"你怎么样，贝丝。你会坚守律师职业吗？"

"是的，当然了，吉姆。做教练有什么好的。我所关心的是大把赚钱！"

我为比利感到高兴。也许做房地产销售这个工作从来没有使他感到过快乐。顺便说一声，为了我的房地产经纪人朋友们的利益，我在此郑重声明：还是有许多可敬的房地产代理人的……嗯，或许不是很多。

好了，幽默到此为止吧！是说再见的时候了。就像在我们所有其他书里所做的一样，在本书的最后，我想总结一下你所需要记住的 15 个最重要的观点，以帮助你了解劝说的艺术。

祝你在劝说的努力中一路顺风。请务必公平做事……一旦你掌握了技巧，成为一名高效的劝说者，我希望你能够用一种正派和宽厚的方式运用你的聪明才智！

作为一名优秀的劝说者
你需要牢记的 15 个要点。

1

你越具有说服力，你就越有可能在
你所选择为之努力的目标上取得成功。

改变别人想法的能力是非常非常强大的。

2

说服力是一种可以学会的技巧。

通过了解人们如何思考问题，如何做决定，以及如何用语言和非语言来与人交流，你可以提高你的说服力。

279

3

你可以做到既有说服力，又不必操控别人。

有时，在强大的说服力和操控之间有一条非常细小的界线。我的原则是：在任何时候你都不应该通过不正确的信息、虚假的陈述或者滥用职权来达成你想要的结果。

280

4

人们都愿意被自己喜欢的人说服。

我知道这个道理听上去很简单，但有时我们会忘记这一最基本的规则。

5

劝说就是联系。

向你正试图说服的那个人展现你的某个侧面，一段共同的经历或兴趣，或者你个性中使他觉得舒适的某些方面，使他感到你在某种程度上和他是相同的。

6

做好准备是至关重要的。

在劝说的过程中，人们往往不像在自己安静的房间里那样反应迅速。所以，应预先考虑好你到底想达到什么目的，你准备如何去做，你将如何回应对方的提问或疑虑，以及你应当在何时停止讲话。

283

7

保持头脑冷静。仔细观察和悉心倾听。

人们通常会告诉你，怎么做才能让他们信服。然而，有时候我们却因没有像我们应该做的那样仔细聆听，而错失了很多蛛丝马迹。学会解读身体语言同样是很重要的。

284

8

你可以利用稀缺法则说服别人。

人们总想得到他们得不到的东西。让人们接受你的主张的一个办法是设置一个时间限制、数量限制，或者创造一种"独享"的氛围。

9

劝说要注意精微玄妙、恰到好处。

不要逼得太紧。不要过分推销。人们在感到压力过大时，往往会退缩。

10

你可以运用一致性法则说服别人。

当你让人们处于这样一种状态——他们希望与先前所做的陈述或者承诺保持一致时，人们便可以被说服了。要采用渐进的方法来实现这一目标。要先让你的一只脚踏进门里。

11

理解了互惠规则，你的说服力将会大大增加。

人们都不喜欢欠人情。通过创造一种让别人"欠你人情"的情形，你可能有机会使他们产生知恩图报的愿望。

12

人们往往不经过分析，而是依靠反射和经验法则来帮助他们做出决定。

当人们不能够很容易地对产品或服务的价值进行评估时，他们往往会依靠反射或以往起过作用的方法做出决定。其中一个例子就是人们把价格等同于价值。

13

人们往往会随大流、追逐名人和权威人物。

人们都相信多数人在做的事情正确，即如果有很多人都喜欢某一种产品或服务，那它一定很不错。当周围没有这样的人群时，他们便会从名人与权威人物那里寻求引导。

14

劝说就是触动人们的内心情感。

人们会告诉你：他们会理性地做出决定。但事情的真相是：90%的决定都是在某种情感的层面做出的。

291

15

说服力就是诚信。

你可能会经受一些暂时的挫折，但是如果你欺骗别人……如果你说谎……如果你操纵别人做出有悖于他们最佳利益的决定，那么，你作为一名劝说者的生命将是短暂的。诚信一直是，而且也将永远是最好的策略。

292

结束语

好了，本书结束了。我们希望你喜欢它。

如需阅读与本书有关的更多材料，请参阅我们的推荐阅读书目。

我们将一如既往地欢迎你的来信。

我的电子邮箱是：jrandel@theskinnyon.com。

致以诚挚的问候！

吉姆·兰德尔

推荐阅读

以下是写作本书时的部分参考书目:

All Marketers are Liars, Seth Godin (Penguin, 2005)

Blink: The Power of Thinking Without Thinking, Malcolm Gladwell (Little Brown, 2005)

Body Language, Julius Fast (Pocket Books, 1971)

Close for Success, Jim Londay (Longman, 1988)

Covert Persuasion: Psychological Tactics and Tricks to Win the Game, Kevin Hogan and James Speakman (Wiley, 2006)

Dirty Little Secrets: Why Buyers Can't Buy and Sellers Can't Sell, and What You Can Do About It! Sharon Drew Morgen (Morgen Publishing, 2009)

High Trust Selling, Todd Duncan (Thomas Nelson, 2002)

How Customers Think, Gerald Zaltman (Harvard Press, 2003)

How to Do Tricks with Cards, *Bill Turner* (Collier Books, 1949)

How to Master the Art of Selling, Tom Hopkins (Warner Books, 1980)

How to Win Friends and Influence People, Dale Carnegie (Pocket Books, 1936)

How We Decide, Jonah Lehrer (Houghton Mifflin, 2009)

Influence: The Psychology of Persuasion, Robert Cialdini (Harper Collins, 1984)

Irrational Exuberance, Robert J.Shiller (Doubleday, 2005)

Maximum Influence: The 12 Universal Laws of Power Persuasion, Kurt W. Mortensen (AMACOM, 2004)

Nudge, Thaler and Sunstein (Penguin, 2008)

People Skills, Robert Bolton (Touchstone, 1979)

Persuasion: The Art of Getting What You Want, Dave Lakhani (Wiley, 2005)

Predictably Irrational: The Hidden Forces that Shape Our Decisions, Dan Ariely (Harper Collins, 2008)

Principled Persuasion: Influence with Integrity, Sell with Standards, Dr. Marlene Caroselli (CPD Press, 1999)

Real Estate Advertising, Lawrence Danks (Real Estate Education, 1983)

Sway: The Irresistible Pull of Irrational Behavior, Ori and Rom Brafman (Doubleday, 2008)

The 100 Absolutely Unbreakable Laws of Business Success, Brian Tracy (Berrett-Koehler, 2000)

The Art of Cross-Examination, Francis L.Wellman (Macmillan, 1903)

The Definitive Book of Body Language, Allan and Barbara Pease (Bantam, 2006)

The Greatest Salesman in the World, Og Mandino (Bantam, 1968)

The Hidden Brain, Shankar Vedantam (Spiegel & Grau, 2010)

The Hidden Persuaders, Vance Packard (Pocket Books, 1957)

The Magic of Rapport, Jerry Richardson (Hearst, 1981)

The One Minute Sales Person, Spencer Johnson (William Morrow, 1984)

The Psychology of Persuasion: How to Persuade Others to Your Way of Thinking, Kevin Hogan (Pelican, 1996)

The Power of Patience, M.J. Ryan (Random House, 2003)

The Prince, Niccolo Machiavelli (1500)

What Every Body is Saying, Joe Navarro (Harper Collins, 2008)

Why We Buy, Paco Underhill (Simon & Schuster, 1999)

欢迎继续阅读
本人的其他作品